VAN LEED NAAR LIEFDE

Van liefde die pijn doet
naar liefde die gelukkig maakt

CLAUDIA KRUMME | 2019

www.counsellingcenterchanges.nl

ISBN: 978-94-6247-148-1
Eerste druk

Auteur: Claudia Krumme
Redactie: Nina Schouten
Vormgeving: Sylvia Faassen
Foto's: Monique van Zeijl Fotografie
Illustraties: Monique Schoenmaker

INHOUD

RELATIES DOEN GEEN PIJN MAAR ZE BRENGEN DE PIJN NAAR BOVEN DIE AL IN JE ZIT.

VOORWOORD

Een van de grootste verlangens van de mens is om zich compleet te voelen. Dat proberen we onder andere door ons te verbinden met een ander persoon, met name via liefdesrelaties. De boeken, liedjes en films over liefde (en liefdesverdriet!) zijn dan ook niet aan te slepen, zo erg houdt deze zoektocht ons bezig. En dat is ook niet meer dan logisch, want wie wil zich nou niet compleet voelen? Gezien, gehoord, geaccepteerd en geliefd? Helaas is de zoektocht naar echte liefde en verbinding niet altijd makkelijk, want wat als je die ander niet kan vinden? Wat als je meer leed dan liefde ervaart in je relaties en keer op keer denkt degene te hebben gevonden die je compleet maakt, om bedrogen uit te komen? Er zijn vele soorten liefdesrelaties en ze maken ons lang niet allemaal gelukkig. Een daarvan zijn verslavende relaties, die doen ons vaak meer pijn dan goed. De Grieken hadden het over twee soorten liefdesbelevingen: Eros en Agape. Eros staat voor liefdesbeleving vanuit aantrekking en lust: passie. Agape staat voor liefde bedreven vanuit vertrouwen en veiligheid. Verslavende relaties komen meestal voort vanuit Eros en gezondere relaties vanuit Agape. Bij het herstellen van verslavende relatiepatronen proberen we de Eros en de Agape met elkaar te verenigen en zowel veiligheid als vertrouwen maar ook passie, lust en aantrekking in de relatie te brengen. Maar hoe doen we dat? Dat is een vraag die ik al twintig jaar onderzoek!

Sinds 1999 ben ik bezig met bewustwording, herstellen van verslavingen, en spiritualiteit. Het is een pad van innerlijke groei vanuit mijn verlangen om de beste, meest liefdevolle en vreugdevolle versie van mezelf te zijn. Mijn verslavingen zijn daarbij altijd mijn toegangspoort geweest tot transformatie en daar ben ik vandaag de dag heel dankbaar voor. Ik wens het iedereen toe om het leed dat leidt tot en veroorzaakt wordt door verslavingen te transformeren naar liefde. En het is vanuit deze wens dat ik mijn praktijk als verslavingscounselor ben begonnen. Ik heb vanuit eigen ervaring en vanuit mijn werkervaring geleerd dat als je geen relaties meer in je leven wil aantrekken, die meer pijn dan vreugde brengen je de dieperliggende oorzaak ervan zal moeten oplossen.

Vaak is die oorzaak een diepe, oude pijn die is ontstaan in onze kindertijd en die we met onze relaties toedekken. Tijdens mijn eigen jaren van herstel en heling heb ik gezien welke technieken het beste werken bij het loslaten van relatieverslaving en het omgaan met onze oude pijn.

In dit boek leg ik je uit wat relatieverslaving, liefdesverslaving, co-verslaving en codependentie is, welke soorten relatie- en liefdesverslavingen er zijn, wat de oorzaken zijn en waarom je steeds weer opnieuw partners aantrekt met wie je in verslavende relatie dynamieken belandt. En nog belangrijker: ik laat ik je zien hoe je van dit soort relaties herstelt en in plaats daarvan gezonde, gelukkige relaties aantrekt! Soms zal ik schrijven over 'hij' en soms over 'zij', maar dit is willekeurig en inwisselbaar als dat beter bij jou en jouw situatie past. Realiseer je bij het lezen van dit boek ook dat niet alle onderwerpen evenveel op jou van toepassing zullen zijn. Gelukkig maar! Het is mijn doel om alle symptomen van codependentie en vormen van relatieverslaving te belichten, focus bij het lezen op de overeenkomsten en niet op de verschillen. De oplossingen die later in het boek worden aangedragen, zijn voor iedereen van toepassing en kunnen bij codependentie en iedere soort relatieliefdesverslaving ingezet worden.

Mijn methode van heling en herstel heb ik samengesteld uit mijn eigen persoonlijke ervaring, uit jarenlange literatuurstudie, opleidingen en werkervaring met cliënten. Van alle theorieën, technieken en methoden die ik de afgelopen twintig jaar tegenkwam, heb ik geprobeerd datgene eruit te halen wat voor mij en voor anderen heeft gewerkt. Deze methoden gebruik ik in mijn counseling center om iedereen die lijdt aan relatieverslaving en codependentie op een toegankelijke en praktische manier te kunnen helpen deze los te laten. Onderdelen van mijn methode zijn de zelfhelende technieken, omdat die je daadwerkelijk vrij maken. Je bent daardoor uiteindelijk niet meer afhankelijk van een therapeut, maar hebt de gereedschappen die je nodig hebt altijd dichtbij je in de buurt, iets waar je de rest van je leven profijt van zult hebben. Ik laat je kennismaken met een paar zelfhelende technieken waar je direct mee aan de slag kunt. Desalniettemin raad ik je aan dit proces niet zelfstandig te doorlopen maar samen met andere mensen die in eenzelfde proces zitten. In je eentje zal je altijd blinde vlekken houden en moeilijk ingesleten patronen loslaten. De kracht van een groep of een community is enorm, daar kan individuele therapie moeilijk tegenop. Daarnaast gaat verslaving over isolatie en het alleen willen doen en herstel over verbinding en het samendoen.

Achterin dit boek vind je een bronnenlijst van literatuur die mij op mijn pad, in mijn praktijk en bij het schrijven van dit boek hebben ondersteund. Spreekt mijn werkwijze je aan? Dan vind je achterin het boek en op mijn website mogelijkheden voor verschillende vervolgtrajecten. Natuurlijk is iedereen anders en hoeft wat voor mij heeft gewerkt, niet per definitie ook voor jou te werken. Ik beschrijf in dit boek mijn waarheid, maar dat is niet per definitie dé waarheid voor iedereen. Kijk vooral verder als je je er niet in kan vinden. Alleen weet dat je het wiel niet zelf opnieuw hoeft uit te vinden, er zijn je velen voorgegaan. Soms mag je het jezelf cadeau doen om de inzichten en methoden aan te nemen van je voorgangers op het pad van heling en herstel. Zelf heb ik ontzettend veel gehad aan het voorwerk van anderen en het als heel waardevol ervaren dat zij mij bij de hand namen wanneer ik dat nodig had. Ik wens jullie hetzelfde toe!

Ik wens iedereen die dit boek leest heel veel inspiratie en nieuwe inzichten toe maar bovenal zin in een liefdevolle relatie met zichzelf! De relatie met jezelf is namelijk de belangrijkste relatie die je nodig hebt als je gezonde relaties wilt aangaan en behouden.

1.

OVER MIJ

"Genoegen nemen met de kruimels inplaats van het hele brood."

Voor ik de diepte induik en je wegwijs maak in de wereld van relatieverslaving en codependentie wil ik wat meer over mezelf en mijn leven vertellen. Juist omdat ik zelf verschillende verslavingen heb gehad van een middelenverslaving, een eetstoornis tot codependentie en relatieverslaving kan ik vanuit mijn eigen ervaring over deze onderwerpen praten. Daardoor heb ik het niet alleen over deze thematiek vanuit aangeleerde theorie, maar weet ik hoe het vóelt om aangetrokken te worden tot emotioneel onbeschikbare partners, hoe moeilijk het is om je los te maken uit de overheersende kracht van een destructieve relatie, maar ook hoe bevrijdend het is als het je dan eindelijk lukt! Ik weet hoeveel kracht je in je hebt en hoe liefdevol en licht de relatie met jezelf en anderen kan zijn als je bereid bent om aan de slag te gaan met datgene in jou wat deze emotioneel onbeschikbare partners aantrekt.

Misschien lijdt je ook aan relaties die meer leed dan liefde brengen en weet je net zoals ik eigenlijk diep van binnen dat er waarschijnlijk meer aan de hand is. Ik was een jaar of 18 toen ik voor het eerst van de begrippen relatieverslaving en codependentie hoorde. Ik las het boek van Robin Norwood Als hij maar gelukkig is waardoor duidelijk werd wat er met mij aan de hand was. Ik wist toen alleen nog niet dat het nog heel wat tijd zou gaan duren voordat ik de bereidheid zou vinden om er echt iets aan te doen. Mijn vriendinnen hadden allemaal in meer of mindere andere mate last van hetzelfde probleem en we hadden het er dan ook vaak over dat we echt niet begrepen waarom we steeds weer genoegen namen met kruimels in plaats van het hele brood.

MIJN FAMILIEACHTERGROND, MIJN VOEDINGSBODEM

Ik kom uit een gezin met een moeder die naar mijn inziens leed aan relatieverslaving en codependentie symptomen. Haar moeder, mijn oma leed aan schizofrenie wat gepaard ging met geloofswaanzin, ze dacht bijvoorbeeld bij tijd en wijle dat de duivel in huis was. Voor mijn moeder was mijn oma door haar ziekte emotioneel onbeschikbaar en het was dan ook niet fijn voor haar om vriendinnetjes mee naar huis te nemen. Ze schaamde zich enorm. Mijn opa droeg de zorg voor drie kinderen wat niet makkelijk was.

Mijn vader is in de oorlog verwekt doordat mijn oma een relatie was aangegaan met een italiaanse militair. Hij zat in het verzet en is doodgeschoten toen ze zwanger was van mijn vader. Mijn oma was een mooie, statige maar vrij kille vrouw die nooit over gevoelens sprak en mijn vaders afkomst heel lang geheim heeft gehouden. Zij vertelde het aan mijn vader toen hij een jaar of 7 was en zei dat ze er verder niet meer over wilde praten. Ik weet pas een jaar of 10 dat ik Italiaans bloed heb. Best apart.

Deze familieachtergrond was niet de oorzaak maar wel een goede voedingsbodem voor het ontwikkelen van codependentie symptomen met als gevolg: relatieverslaving, een eetstoornis en een middelenverslaving. Mijn vader en moeder waren beide vanwege hun opvoeding en achtergrond emotioneel onbeschikbaar en hadden samen geen gezonde relatie. Mijn vader ging vaak vreemd en mijn moeder reageerde haar frustraties en gevoelens van machteloosheid zo nu en dan op mij en de rest van de wereld af. Ik heb nooit een voorbeeld gehad van hoe liefdevolle, open communicatie tussen twee mensen eruit zou moeten zien. Daarvoor in de plaats heb ik wel ervaren hoe destructieve, onveilige relaties eruit zien. Wel heb ik de liefde voor mij van mijn vader en moeder altijd gevoeld. Ik ben mijn vader en moeder heel dankbaar dat ze naar hun beste kunnen voor mij gezorgd hebben. Helaas is mijn moeder er niet meer.

VERLIEFD

Ik werd voor het eerst verliefd op de lagere school, op een jongen met veel charisma die heel goed kon voetballen. Zijn zusje was mijn vriendinnetje waardoor ik makkelijk bij hem in de buurt kon komen. Toen ik bij deze jongen thuiskwam zag ik dat hij door zijn moeder met een gordijnrail werd geslagen. Ik was bang en in shock. Hij beantwoordde mijn gevoelens voor hem niet maar mijn verliefdheid werd alleen maar sterker. Later realiseerde ik me dat dit mijn eerste verliefdheid op een jongen was die uit een zwaar ontwricht, disfunctioneel gezin kwam en deze intense aantrekkingskracht ervaarde.

Op de middelbare school kreeg ik een vriendje die in verhouding tot vriendjes die later op het toneel zouden verschijnen goed voor me was en uit een redelijk stabiel gezin kwam. We hadden een leuke, liefdevolle en gezellige relatie. Het enige wat ontbrak was zijn monogamie, wat als puber erg belangrijk voor me was. Toen ik 17 jaar was heb ik het na 2 jaar verkering met hem uitgemaakt. Ik verkeerde in het Amsterdamse nachtleven. Ik dronk veel alcohol, gebruikte XTC en begon met het gebruiken van cocaïne. Ik kwam hierdoor in contact met jongens die ook drugs gebruikten en vond mijn toenmalige vriendje saai en niet meer interessant.

Ik werd verliefd op een jongen aan wie ik echt verslaafd was. Ik noemde hem 'de liefde van mijn leven'. Tegelijkertijd was ik me bewust van het verslavende component dat een grote rol speelde in deze relatie. Als ik hem een tijdje niet gezien had, zei ik letterlijk tegen mijn vriendinnen dat ik een 'shotje' nodig had. En dan had ik het over zijn aandacht! Alleen al in zijn aanwezigheid verkeren was voor mij genoeg om in een roes te verkeren en een topavond te hebben. Deze jongen was dominant naar mij toe, wat ik vreemd genoeg aantrekkelijk vond en agressief naar de buitenwereld. Dit gaf mij een gevoel van veiligheid, wat natuurlijk schijnveiligheid was. Hij behandelde mij respectloos en had psychopathische, narcistische trekjes. Ik liet hem een telefoon op mijn naam nemen en bleef achter met de rekeningen. Naast mij had hij nog een vriendinnetje met wie hij een kindje kreeg. Hij belandde in de gevangenis en zowel het andere meisje als ik bleven hem opzoeken en brieven schrijven.

Niet veel later, toen ik een jaar of 24 was, ontmoette ik de vader van mijn dochter in een after-hour club. Hij was lief, gezellig en had veel humor, maar was zowel gokverslaafd als verslaafd aan middelen. Hij gaf me ontzettend veel aandacht en we hadden het leuk. Ik werd verliefd op hem en hij op mij en ik dacht dat ik nooit meer iemand zou vinden die zoveel van me zou houden als deze man! Daarom besloot ik hem nooit meer te verliezen. Inmiddels weet ik dat deze gedachte één van de veelvoorkomende overtuigingen is van mensen met relatieverslaving en hoor ik hem vaak terug bij mijn cliënten. De overtuiging dat er nooit meer een man zoveel van me zou houden, heeft er lange tijd voor gezorgd dat ik de relatie niet kon loslaten. Samen gebruikten we veel middelen totdat ik mijn bodem raakte op 27 jarige leeftijd. Ik besloot om hulp te zoeken en dit was de eerste stap op mijn pad van heling en herstel. Hij was er op dat moment nog niet klaar voor om dit pad samen met mij te bewandelen, maar we bleven wel bij elkaar. Ik leerde al snel dat relatieverslaving, codependentie en co-verslaving de kern van mijn problemen waren en dat deze patronen al vroeg in mijn jeugd waren ontstaan. Toen ik 34 was hebben we samen een kindje gekregen, maar we zijn we toen onze dochter 1 jaar oud was uit elkaar gegaan omdat we niet meer op hetzelfde spoor zaten, mede doordat we onze verslavingen op verschillende momenten loslieten. Vandaag de dag is hij een tijd clean wat mij en mijn dochter heel dankbaar maakt. Hij is meer dan 20 keer opgenomen geweest over de hele wereld, maar hij heeft de strijd nooit opgegeven.

Al met al heb ik meerdere verslavende, destructieve relaties in mijn leven gehad, bijna altijd met verslaafde mannen en soms in combinatie met narcistische en psychopathische trekken. Deze relaties waren natuurlijk niet alleen maar pijnlijk en destructief. Er waren ook positieve aspecten aan deze relaties: het charismatische aan deze mannen, hun humor en de gezelligheid. Ik draag dan ook geen gevoelens van wrok of boosheid meer in me mee ten opzichte van hen, maar kan ze zien als de mooie mannen die ze zijn, ieder met hun eigen problemen en pijn die ze zullen uitwerken op het moment dat zij daar klaar voor zijn. Ik heb ervoor gekozen om me te richten op mezelf, op mijn innerlijke proces en waarom ík dit soort relaties aantrok en toeliet.

HERSTEL: EEN PROCES VAN VALLEN, OPSTAAN EN DOORGROEIEN

Tijdens mijn leven heb ik verschillende middelenverslavingen, procesverslavingen en een eetstoornis doorbroken. Hierdoor ben ik steeds een stukje verder gekomen op weg naar de beste versie van mezelf. Toen ik daadwerkelijk bereid was om mijn relatieverslaving en codependentie te doorbreken, was ik al bekend met het stoppen van alcohol, drugs, nicotine en dwangmatig overeten. Toch was het doorbreken van mijn relatieverslaving en codependentie het moeilijkst. Dit komt waarschijnlijk doordat ik steeds dichter bij de kern kwam: het kleine, gewonde meisje in mij dat zich leeg en eenzaam voelde, werd steeds zichtbaarder en voelbaarder.

Ik bleef zo nu en dan terugvallen in destructieve relaties die met name emotioneel niet vervullend waren. Desalniettemin leerde ik ontzettend veel van iedere relatie en gebruikte ik de pijn en het verdriet die ik ervoer om weer verder te groeien en mezelf te helen. Uiteindelijk ontstond er steeds meer zelfliefde, kon ik duidelijker mijn grenzen aangeven, mezelf uitspreken en beter aan mijn wensen en behoeften tegemoet komen. Ik zorgde steeds beter voor mezelf en had het vertrouwen dat ik op het goede pad zat. Ik realiseerde me dat herstel van relatieverslaving en codependentie niet over één nacht ijs gaat.
Het verschil met de jaren daarvoor was dat ik de cyclus die ik samen met een partner doorliep steeds sneller ging doorlopen.

Wanneer ik geconfronteerd werd met het feit dat iemand niet in mijn emotionele behoefte kon voorzien, lukte het me vrij snel om de relatie te verbreken. Daarnaast werd ik zelf steeds minder needy (behoeftig) waardoor de dynamiek in mijn relaties veranderde. Op een gegeven moment realiseerde ik me dat het laatste stukje aantrekking tot bepaald soort mannen uitgedoofd raakte. De laatste keer dat ik aangetrokken werd door een man waarvan ik rationeel wist dat het ongezond relatiemateriaal was, voelde ik dat deze onrust waarmee dit soort aantrekking gepaard gaat niet meer mijn verlangen is en was ik in staat om weg te lopen en mezelf iets gezonders te gunnen.

Ik heb op dit moment geen vaste relatie. Ik voel op dit moment niet het verlangen naar een vaste relatie en daarom ben ik denk ik nog niet de man op mijn pad tegengekomen waarmee ik een liefdesrelatie wil opbouwen en dat is helemaal oké. Ik heb er vertrouwen in dat wanneer ik dit verlangen wel echt kan voelen het de bedoeling is en deze man op mijn pad zal verschijnen. Ik geloof in de wet van resonantie die zegt dat wanneer je iets wilt ontvangen, je eerst mag loslaten wat je niet meer dient zodat je vervolgens kan aantrekken wat wel passend, liefdevol en dienend is. Ik ben gelukkig en heb een heerlijk leven samen met mijn dochter die ik probeer te geven wat ze nodig heeft. Ook zij is onderdeel van mijn helingsproces, wat oneindig is.

Ik hoop voor jou dat jij jezelf ook de ruimte geeft om te herstellen van een thematiek die zo diepgeworteld is dat je begrijpt dat je daar echt de tijd voor mag nemen. Werken aan je binnenkant zorgt uiteindelijk voor verandering aan de buitenkant. Hiermee bedoel ik dat hoe meer je ZELF geheeld raakt, hoe liefdevollere, bevredigendere relaties je zult aantrekken in je leven.

2.

WAT IS RELATIEVERSLAVING?

"Een patroon van vergeetachtigheid."

Ervaar je meer leed dan liefde in je relaties? Vraag je je af wat er toch steeds misgaat? Waarom je steeds dezelfde soort partners aantrekt? Of heb je je weleens afgevraagd waarom je een bepaalde partner niet kon loslaten? Een partner die de slechtste versie van jezelf naar boven haalde? Een partner die jou respectloos behandelde maar waarbij je zijn of haar gedrag altijd weer goedpraatte, zodat je deze partner maar niet hoefde te verliezen? Waarschijnlijk is het antwoord: omdat je een relatieverslaving hebt. Het kan zijn dat je bij het lezen van het woord 'relatieverslaving' denkt: dan is dit boek niet voor mij. Ik ben niet verslaafd aan relaties, ik ga niet van de een naar de ander, ik ben niet wanhopig op zoek naar de volgende partner. Ik kan zelfs prima langere tijd alleen zijn of met één iemand samen zijn.

Het woordje 'verslaving' heeft nou eenmaal een hele negatieve bijklank. Het roept vaak extreme voorbeelden van verslaving op: de heroïne junk, de doorgesnoven beurshandelaar, de alcoholist bij de Albert Heijn, de wazige blower die niks gedaan krijgt. Allemaal stereotypen waar velen toch al snel een oordeel over hebben. Misschien komt het door de zelfdestructie die ernstig verslaafden laten zien die bij de meeste mensen angst oproept, omdat we liever niet zien dat mensen zo zelfdestructief kúnnen zijn en dat we deze tendens wellicht ook ergens in ons hebben. In ieder geval is het iets waar we liever niet mee geconfronteerd worden. Over verslaafden oordelen en ze afwijzen kan dan een onbewuste reactie zijn om de ongemakkelijke gevoelens die ze in ons oproepen te vermijden.

Verslaving kent echter vele gedaantes en gradaties, vindt vaak dichterbij plaats dan je denkt en is zeker niet alleen van toepassing op middelen maar ook op gedrag, gevoelens, mensen en situaties, waaronder relaties. Ik hoop dan ook dat je het negatieve beeld van het woord verslaving tijdens het lezen even los kan laten, ik wil je ook geen labels opplakken maar in plaats daarvan samen met je onderzoeken of, en in welke kenmerken en symptomen je je wel herkent, waar die vandaan komen en vooral wat je eraan kunt doen! Laten we daarom samen ontdekken wat relatieverslaving eigenlijk is.

KENMERKEN EN SYMPTOMEN VAN RELATIEVERSLAVING

Relatieverslaving betekent in ieder geval niet dat je niet zonder een relatie kan en van de ene naar de ander gaat. Robin Norwood, een van de eersten die een boek schreef over relatieverslaving geeft de volgende definitie:

'Je bent relatieverslaafd als je je op structurele basis aangetrokken voelt tot emotioneel onbeschikbare partners.' [1]

---

1) Norwood, Robin. *Als hij maar gelukkig is, vrouwen die teveel in de liefde investeren*

En dit is ook de definitie die ik hanteer wanneer ik spreek over relatieverslaving. Een relatie-verslaafde valt dus keer op keer op mannen of vrouwen die emotioneel onbeschikbaar zijn. Maar wat zijn emotioneel onbeschikbare partners? Hoe herken je die? Vaak zijn het partners die niet in staat zijn om ware intimiteit en echte verbinding aan te gaan door emotionele beschadiging die ze hebben opgedaan in hun jeugd, door de manier waarop hun ouders met ze omgingen - de manier waarop ze gehecht zijn - door hun opvoeding of door een trauma, bijvoorbeeld een pestverleden. In ieder geval hebben ze toen ze klein waren geen echte intimiteit ervaren toen ze dat nodig hadden en daardoor zijn ze op latere leeftijd ook niet in staat om ware intimiteit en echte verbinding aan te gaan. Ik kom in hoofdstuk drie nog uitgebreid terug op de verschillende hechtingsstijlen die leiden tot emotionele onbeschikbaarheid (en ook tot codependentie en relatieverslaving). Je vindt emotionele onbeschikbaarheid vaak bij partners die:

- getrouwd zijn maar ontrouw plegen
- verslaafde mannen of vrouwen
- gewelddadige mannen of vrouwen
- extreem jaloerse mannen of vrouwen
- mannen of vrouwen met psychische/psychiatrische stoornissen, zoals bijvoorbeeld: depressie, narcisme, antisociaal, borderline of afhankelijke persoonlijkheidsstoornis
- mannen of vrouwen met een ontwikkelingsstoornis of andere psychische gerelateerde problematiek, zoals autisme, ADHD, ADD etc.
- last hebben van hechtingsproblematiek

Er zijn allerlei vormen van emotionele onbeschikbaarheid, van partners die lijden aan een verslaving, persoonlijkheidsstoornissen, ontwikkelingsstoornissen, maar ook partners die structureel vreemdgaan. Ook mensen met een werkverslaving zijn vaak niet emotioneel beschikbaar. Emotionele onbeschikbaarheid kan dus allerlei vormen aannemen. Denk je dat je partner emotioneel onbeschikbaar is of misschien wel of je zelf emotioneel onbeschikbaar bent? Er zijn veel voorkomende kenmerken van emotioneel onbeschikbare partners, maar dit zijn de tien belangrijkste tien waaraan je het kunt herkennen. Als je emotioneel onbeschikbaar bent dan:

1. Spreek je weinig tot nooit over gevoelens of vraagt een ander hoe die zicht voelt of hoe z'n dag was.
2. Wil je veel minder vaak bij je partner zijn dan zij bij jou.
3. Ben je bang dat een relatie teveel van je zal eisen, dat je je onafhankelijkheid en autonomie moet opgeven als je een relatie aangaat.
4. Houd je ervan om je opties open te houden voor het geval er wat beters langskomt.
5. Kun je slecht tegen stiltes omdat die je met je gevoelens confronteren.
6. Ervaar je veel wantrouwen vanwege de teleurstellingen die je in je leven hebt meegemaakt.
7. Ben je zo onafhankelijk dat je denkt dat je niemand nodig hebt.
8. Is je emotioneel bewustzijn weinig tot niet ontwikkeld.
9. Ben je vaak bezig met andere activiteiten dan in contact zijn met je partner.
10. Ben je het meeste van de tijd zelf aan het woord. Wanneer de ander aan het woord is, luister je niet echt of weet je het gesprek alweer snel naar jezelf te keren.

Ondanks de immense behoefte van de relatieverslaafde aan liefde en aandacht die bij emotioneel onbeschikbare partners ver te zoeken is, is het gek genoeg juist de emotionele onbeschikbaarheid die relatieverslaafden aantrekt. Als relatieverslaafde kun je namelijk een onbedwingbare behoefte voelen om voor deze emotioneel onbeschikbare partner te zorgen en hem liefde te geven zodat hij zal veranderen en je uit dankbaarheid daarvoor al die liefdevolle aandacht, begrip en erkenning zal geven waar je zo'n behoefte aan hebt. Vaak is dit liefde die je in je eigen verleden gemist hebt, net als de emotioneel onbeschikbare partners. En als dat niet gebeurt, als je niet die liefde, aandacht, begrip en erkenning krijgt waar je zo naar verlangt, maar je in plaats daarvan liefdeloos, respectloos of onverschillig of soms zelfs gewelddadig wordt behandeld, ben je niet in staat de relatie los te laten, maar heb je des te meer behoefte aan het contact.

Bij ruzie reageer je vanuit emotie. Soms vind je de kracht een punt achter de relatie te zetten en weet je zéker dat je nooit meer teruggaat. Je vertelt dat ook meteen aan al je vrienden en familie, maar helaas is die zekerheid bijna altijd van korte duur en ga je al snel weer terug in de hoop dat het nu echt beter zal gaan. Je kunt niet meer stoppen met nadenken over hoe je de problemen in je relatie zou kunnen oplossen en hoe je de situatie onder controle zou kunnen krijgen. Je relatie is een obsessie geworden. Je hele leven, je gedrag, je emoties en gevoelswereld worden beheerst door de relatie en ook je gezondheid lijdt eronder. Je verliest jezelf volledig en hoe meer tijd er verstrijkt, hoe ongelukkiger en verdrietiger je wordt. Je probeert continu excuses te verzinnen waarom de relatie je tóch gelukkig zou kunnen maken.

Herken je je in dit verhaal? Of misschien delen ervan? Het is moeilijk relatieverslaving in enkele voorbeelden te vangen, want er zijn wel 1001 kenmerken en symptomen van relatieverslaving in verschillende gradaties op te noemen. Dat komt omdat relatieverslaving een verslaving is die voortkomt uit een dieper gelegen laag: codependentie, waar ik later in dit hoofdstuk uitgebreid op terugkom. Codependentie is naar mijn mening de onderliggende overlevingsstrategie van alle vormen van verslaving waaronder relatieverslaving, maar hoe die relatieverslaving precies bij jou tot uiting komt is uiteraard heel uniek en hangt af van jullie persoonlijke geschiedenis en de dynamiek die daardoor tussen jou en je (ex-)partner is ontstaan. Toch zijn er kenmerken die bij bijna alle mensen met relatieverslaving voorkomen, ik laat je hier kennismaken met de tien belangrijkste. Je kunt onderzoeken welke op jou van toepassing zijn. Wanneer je je bewust bent van je gedrag is dat de eerste stap naar verandering! Laat je niet te veel leiden door het willen afvinken van het hele lijstje, je hoeft niet elk kenmerk te herkennen om te lijden aan relatieverslaving. Onderzoek vooral de overeenkomsten en gebruik die om mee aan de slag te gaan, en laat de verschillen liggen.

1. Je bent overmatig behoeftig in je relaties (needyness).
2. Je denkt heel veel na over je partner en/of je relatie (obsessie).
3. Je bent niet in staat om een relatie los te laten wanneer deze pijn doet
4. Seksuele aantrekkingskracht is een vereiste om te daten
5. Het voelt alsof je leven over is waneer de relatie over is.
6. Je bent niet in staat om alleen te zijn of zonder een relatie te zijn.
7. Je wordt continu aangetrokken tot emotioneel onbeschikbare partners.
8. Je verwaarloost vrienden, familie, werk of school vanwege je relatie.

9. Drama en/of pijn en verdriet zijn vaste onderdelen van je relaties.
10. Je bent bang om verlaten te worden en geeft hiervoor je eigen mening en behoefte op (verlatingsangst).

Opvallend is dat ondanks dat je als relatieverslaafde vaak meer drama, pijn en verdriet in je relatie ervaart - vooral na de eerste periode van verliefdheid - het toch ontzettend moeilijk is om de relatie los te laten. Een relatieverslaafde bagatelliseert, rationaliseert of ontkent vaak de relatieproblemen, een typisch symptoom van verslaving. De excuses die je maakt om toch bij je partner te blijven, zorgen ervoor dat je geen contact maakt met de realiteit. En de realiteit is dat je niet krijgt wat je nodig hebt en dat je behoeften en wensen niet vervuld worden.

Eigenlijk heb je deze onvervulde behoeften aan liefde, emotionele aandacht en erkenning al veel eerder, ergens in je jeugd opgedaan, net als je emotioneel onbeschikbare partner. Ze ontstaan vaak in je kindertijd door de omgang met je ouders of verzorgers, alleen kon je er op dat moment niks aan doen dat ze niet vervuld werden. Als kind was je immers volledig afhankelijk van je ouders of verzorgers en de liefde en aandacht die zij je gaven! Om te overleven heb je daarom je onvervulde behoeften onderdrukt door middel van overlevingsstrategieën, maar je hebt ze wel opgeslagen in je onderbewuste. Op latere leeftijd worden ze in je volwassen liefdesrelaties opnieuw blootgelegd en probeer je ze opnieuw te onderdrukken, dat is immers wat je gewend bent te doen. Als je dit vertaalt naar gedachtes die relatieverslaafden vaak hebben om hun behoeftes te onderdrukken en die het zo moeilijk maken zich los te maken van een emotioneel onbeschikbare partner, dan zijn dit onder andere de 10 gedachtes:

10 GEDACHTEN DIE ONTKENNING IN STAND HOUDEN

- We hebben het toch leuk samen…
- Maar we houden echt van elkaar
- In goede tijden blijf je bij elkaar, dus in slechte tijden ook.
- Therapie zal ons helpen.
- Ik kan niet alleen zijn.
- Ik vind nooit meer iemand anders die zoveel van mij houdt.
- Het wordt wel beter als ik aan mijn issues werk.
- Het wordt wel beter als hij aan zijn issues werkt.
- Ik vind het zielig om het uit te maken
- Ik heb iemand nodig om voor mij te zorgen.
- Ik heb iemand nodig om voor te zorgen

Bovenstaande gedachtes kunnen echt saboterend werken als je een relatie probeert te doorbreken, er gaan allerlei ideeën achter schuil over hoe een relatie 'zou moeten zijn' , wat je over zou moeten hebben voor de liefde en een diepe overtuiging dat het ergens wel aan jezelf zal liggen. Dat je nog niet genoeg je best hebt gedaan, dat als je de relatie nu uitmaakt, je misschien wel de liefde van je leven misloopt. En dat terwijl de realiteit is, dat er meer leed dan liefde in je relatie is en de liefde van je leven je niet erg gelukkig maakt. Als het je dan uiteindelijk toch lukt om de relatie los te laten, neem je je voor om nooit meer in dezelfde situatie te belanden, om vervolgens hoteldebotel verliefd te worden op iemand met wie je in een misschien iets andere situatie belandt, maar bij wie je je toch weer hetzelfde voelt, bij wie je dezelfde pijn en drama ervaart en waar je wederom niet makkelijk van loskomt. Daarom wordt relatieverslaving ook wel 'het patroon van vergeetachtigheid' genoemd. Op het moment dat deze persoon, of opnieuw een emotioneel onbeschikbare partner voor je neus staat, ben je alle pijn en verdriet die de vorige relatie met een emotioneel onbeschikbaar persoon je bezorgde als sneeuw voor de zon vergeten en stap je met open ogen in dezelfde valkuil.

ANDERE VORMEN VAN VERSLAVENDE RELATIEDYNAMIEKEN: LIEFDESVERSLAVING EN CODEPENDENTIE

Relatieverslaving komt vaker voor dan je denkt, maar wordt in veel gevallen niet als zodanig herkend. Het is zelfs zo veelvoorkomend dat het relatief 'normaal' is geworden, iedereen trekt namelijk wel eens een emotioneel onbeschikbare partner aan of maakt zich moeilijk los uit een relatie en kan dus meepraten over relatieleed. Vooral vrouwen zijn hier goed in. Met een fles wijn op tafel worden heel wat ex-partners tot op het bot geanalyseerd, vaak eindigend in een diepe zucht, mompelend: 'mannen' of 'vrouwen'. Als je lijdt aan relatieverslaving is dit eigenlijk niet handig, je trekt immers niet eenmalig een emotioneel onbeschikbare partner aan, maar elke keer opnieuw! Doordat je anderen treft met soortgelijke verhalen denk je dat dit normaal is, maar uiteindelijk zal jij de cyclus van ongelukkige relaties blijven herhalen, terwijl je vrienden of vriendinnen wél gelukkig settelen. Dit is dan ook het moment waarop je eventueel op zoek gaat naar de dieper liggende oorzaak van je relatiepatronen.

Relatieverslaving komt weliswaar veel voor, maar het is zeker niet de enige problematiek die leidt tot ongelukkige relaties. Er bestaan ook nog andere vormen van ongezonde relatie patronen, zoals liefdesverslaving en codependentie. Dit zijn iets specifiekere vormen van verslavende relaties en vaak verweven met relatieverslaving. Je zal vanzelf zien dat relatieverslaving, liefdesverslaving en codependentie veel overlappende kenmerken en symptomen hebben. En of je nou een typische relatieverslaafde bent of jezelf meer herkent in liefdesverslaving of codependentie, uiteindelijk hebben ze allemaal enigszins dezelfde oorsprong (waar ik in het volgende hoofdstuk uitgebreid op zal terugkomen). Mijn methode van heling en herstel is op alle vormen toepasbaar. Laat je dan ook niet verleiden jezelf een label te willen opplakken. Belangrijker is dat je de kenmerken herkent die in jouw leven een rol spelen en of die structureel aanwezig zijn. Alleen al het herkennen van kenmerken kan lastig zijn, maar het bewustwordingsproces is een belangrijke eerste stap naar heling en herstel, want pas dan kan je een gericht plan maken om deze patronen te doorbreken! Ben je ervan bewust dat alle relatie- en liefdesverslavingen voorkomen in verschillende gradaties.

WAT IS LIEFDESVERSLAVING?

Laten we beginnen bij liefdesverslaving. Als je liefdesverslaafd bent, ben je verslaafd aan het idee van het hebben van een relatie en verliefd zijn. Je vindt het vreselijk om alleen te zijn en je bent altijd op zoek naar de volgende verliefdheid. In een relatie zijn geeft je rust en veiligheid en toch houd je het binnen die relatie niet lang vol. Je wil vooral de high van verliefd zijn en als je relatie stukloopt, ga je zo snel mogelijk op zoek naar de volgende persoon om verliefd op te worden. Je bent dus niet echt verliefd op de persoon - al heb je dat zelf niet in de gaten - maar vooral op het verliefd zijn. Je bent verliefd op de liefde!

Vaak komt liefdesverslaving voort uit een diepgewortelde eenzaamheid en onzekerheid en de drang om die leegte op te vullen met een liefdesrelatie. Zonder relatie ben je ongelukkig. Je hebt weinig zelfvertrouwen, een negatief zelfbeeld en kan soms zelfs depressief worden of angststoornissen ontwikkelen. Omdat je denkt dat je zonder partner waardeloos bent, ga je vaak met veel ongeduld op zoek naar een volgende high. Eigenlijk zoek je naar bevestiging van jezelf in een ander, maar zoals bij iedere verslaving is dit gevoel maar van tijdelijke aard en na iedere high volgt altijd weer een low. Deze low probeer je ten alle tijden te voorkomen.

In relaties stel je je dan ook vaak afhankelijk op en heb je de ander als het ware nodig om jezelf te kunnen zijn. Je identiteit is dan ook verbonden met de relatie, jij bent 'de partner van' en daar ontleen je je eigenwaarde aan. Dit kan obsessieve vormen aannemen. Je houdt je bijvoorbeeld zo met de ander bezig, dat je vergeet de dingen te doen die voor jezelf nodig en belangrijk zijn. Je stelt je werk uit of verwaarloost je vrienden. Je partner komt altijd op de eerste plaats. Soms verander je jezelf om te voldoen aan de wensen van de persoon op wie je verliefd bent. Je gedraagt of kleedt je bijvoorbeeld op de manier waarvan je denkt dat hij dat wil. Dit zijn typische codependentie symptomen die ten grondslag liggen aan alle vormen van verslavende relatiedynamieken, daar zal ik later in dit hoofdstuk op terugkomen.

Het kan ook zijn dat je stapelverliefd bent op iemand die je nog maar één keer hebt ontmoet, maar die je in je hoofd al helemaal geïdealiseerd hebt. Je hebt een romantisch totaalplaatje gemaakt van deze persoon en met name van hoe perfect hij is. Iedereen die verliefd is, doet dit weleens. Als vanzelf slaat je fantasie op hol en visualiseer je deze persoon zoals je zou willen dat hij is. Toch is dit bij iemand die liefde verslaafd is meer obsessief. In het Engels wordt dit 'romantic dreaming' genoemd: je projecteert jouw verlangens en gevoelens van het perfecte plaatje van de liefde op de ander waardoor het kan lijken alsof de ander een totaal ander persoon is dan dat die daadwerkelijk is. De fantasieën krijgen dan de overhand en beheersen je dagelijks leven volledig, waardoor je niet meer aan andere dingen toekomt. Soms worden deze fantasieën ook omgezet in daden en ga je extreme dingen doen om op te vallen bij de persoon op wie je verliefd bent. Het is normaal om iemands blik te proberen te vangen of een gesprekje aan te knopen, maar het is iets minder normaal om bijvoorbeeld urenlang bij dat ene koffietentje te gaan zitten waarvan je weet dat hij er vaak komt om hem zo 'per ongeluk' tegen het lijf te lopen of om express tegen hem aan te lopen, zodat je even lichamelijk contact hebt en je in ieder geval 'sorry' kan zeggen. Dit soort acties kunnen in eerste instantie onschuldig lijken, maar uiteindelijk leiden tot stalken. Net als bij andere verslavingen, kan je ervan overtuigd zijn dat je deze persoon nodig hebt om gelukkig te zijn en dat als je maar met hem of haar een relatie zou hebben, alles op zijn plek zal vallen en je eindelijk gelukkig bent. Deze overtuiging kan maken dat je alles in het werk gaat stellen om maar met deze persoon te kunnen zijn. Misschien ben je wel een hele dag bezig om deze persoon zelfs maar eventjes te kunnen zien.

Als het je lukt om wel een relatie te beginnen met de persoon op wie je verliefd bent, kun je deze gaan manipuleren om hem bij je te houden. Dit wordt ook wel controle genoemd, één van de hoofdsymptomen bij alle liefde gerelateerde verslavingen. In plaats van dat je ervan geniet dat je deze partner hebt en probeert om de beste versie van jezelf voor hem te zijn, ben je zo bang om hem te verliezen dat je nu alles in het werk stelt om hem bij je te houden. Zo kan je de ander schuldgevoelens aan gaan praten of een slecht gevoel geven over zichzelf, zodat hij je maar niet verlaat. Dit komt voort uit het gebrek aan vertrouwen in jezelf, want ondanks dat je liefde al bij je is en hij je dus leuk en goed genoeg vindt, geloof je hier niet in. Vaak ga je ook op zoek naar partners die zelf liefdesverslaafd zijn, met het gevaar dat je elkaar gaat controleren en je isoleert van de buitenwereld. Of je gaat op zoek naar partners die het leuk vinden om controle over je te hebben en daarin vaak ook te ver gaan. De controle die de ander op jou uitoefent interpreteer jij als liefde, wat geen liefde is maar angst.

KENMERKEN EN SYMPTOMEN

Net als bij relatieverslaving, is het moeilijk alle kenmerken en symptomen van liefdesverslaving gedetailleerd in kaart te brengen. Hoe deze tot uiting komen in jouw leven is immers heel persoonlijk en van veel meer factoren afhankelijk. Onderstaande 10 kenmerken zijn dan ook de veelvoorkomende, onderliggende kenmerken van liefdesverslaving, maar de manier waarop jij bijvoorbeeld je onzekerheid of afhankelijkheid uit, hangt van zowel jouw voorgeschiedenis, hechtingsstijl en karakter af, als dat van je partner. 10 kenmerken die vaak voorkomen bij mensen met liefdesverslaving zijn:

1. Je hebt een diepgewortelde onzekerheid of gevoel van leegte en eenzaamheid.
2. Je bent obsessief met de ander bezig.
3. Je hebt een onrealistisch beeld van de ander als 'de perfecte persoon'.
4. Je stelt je afhankelijk op ten opzichte van je partner.

5. Je hebt romantiek nodig om je goed te voelen.
6. Je manipuleert (controleert) je partner om te krijgen wat je nodig hebt.
7. Je laat je controleren door je partner in de hoop dat je krijgt wat je nodig hebt.
8. Zonder liefdesperikelen voel je je ongelukkig.
9. Je bent bang om alleen over te blijven.
10. Je gaat net iets te ver met contact zoeken, waardoor je zelfs 'per ongeluk' iemand kan gaan stalken

9 TYPES RELATIE-LIEFDESVERSLAVINGEN

Aangezien deze kenmerken op veel verschillende manieren tot uitdrukking kunnen komen, wil ik aan de hand van mijn eigen ervaring en situaties die ik ben tegengekomen in mijn counseling center een idee geven hoe deze manieren eruit kunnen zien. Daarom heb ik 9 voorbeelden op een rij gezet aan de hand van cliënt ervaringen die ik in de praktijk ben tegengekomen, beginnend met de typische relatieverslaafde en liefdesverslaafde die ik in het vorige hoofdstuk en aan het begin van dit hoofdstuk besproken heb, om vervolgens 7 vormen te bespreken waarin duidelijk te zien is hoe specifiek ze in iemands leven tot uiting kunnen komen. Nogmaals, ook voor deze 9 type relatie en liefdesverslaafden geldt dat ze niet bedoeld zijn om je in een hokje te stoppen, maar om je te helpen herkenning te vinden en van daaruit de eerste stappen op het pad van heling te zetten!

1. De typische relatieverslaafde

Als typische relatieverslaafde word je keer op keer in beslag genomen, verliefd en geobsedeerd door een emotioneel onbeschikbare man of vrouw die jouw relatiefantasie triggert. Deze fantasie heb je ergens als kind ontwikkeld ter compensatie van een gebrek aan emotionele liefde, aandacht en erkenning. Je gaat op zoek naar de 'prins op het witte paard' die het leven zinvol maakt en je eindelijk zal geven wat je altijd zo gemist hebt. Maar in plaats van de prins trek je een emotioneel onbeschikbaar persoon aan die in veel verschillende gradaties en gedaanten voorkomen en jou opnieuw in contact brengt met je onderliggende wonden, waarvan de grondslag ligt in een tekort aan liefde, aandacht en erkenning van één of beide ouders. Wanneer je van één ouder wel genoeg liefde, aandacht en erkenning hebt gekregen, maar de andere ouder afwezig was, dan kan de aanwezige ouder dit tekort nooit compenseren en zal er altijd een wond ontstaan.

Zelf ben ik altijd een typische relatieverslaafde geweest. Iedere man voor wie ik iets voelde was op een of andere manier emotioneel onbeschikbaar. De eerste 20 jaar waren dit altijd verslaafde of narcistische mannen, daarna werden de mannen weliswaar steeds gezonder, maar hadden ze nog wel bindingsangst. Blijkbaar was in mij ook nog bindingsangst aanwezig, anders had ik wel andere partners aangetrokken. Totdat uiteindelijk ook de aantrekkingskracht die relaties met partners met bindingsangst met zich meebrachten, begon uit te doven. Die pieken en dalen van het aantrekken en afstoten werd steeds onaantrekkelijker voor me en de katers steeds groter, totdat ik opmerkte tijdens het datingproces dat er mannen waren die daadwerkelijk kwetsbaar durfde te zijn, die openlijk hun gevoelens deelden en oprecht geïnteresseerd waren in mijn gevoelens. Ik weet het nog goed hoe dankbaar ik me voelde toen ik me realiseerde dat de dynamieken echt aan het veranderen waren. Blijkbaar was er ook iets in mij veranderd en had ik toch al een heleboel destructieve patronen losgelaten.

2. De typische liefdesverslaafde

De typische liefdesverslaafden zijn 'romantiek junkies': de relatiehoppers. Van de ene relatie verval je in de andere relatie om de roes van verliefdheid maar te behouden. Aanvankelijk geloof je dat je verliefd bent op de persoon, maar eigenlijk ben je verliefd op het verliefd zijn en heeft dit niets met je partner te maken. Je partner kun je zien als de dealer die je voorziet van een shotje liefde. Romantische liefdesverslaafden zijn verslaafd aan de fantasiewereld die ze gecreëerd hebben in hun hoofd en hebben continu de hoop dat ze op een dag de ware zullen vinden. Hun grootste angst is alleen achter blijven. Een van mijn cliënten, Angelique, is bijvoorbeeld een romantische liefdesverslaafde; een vrouw die niet kan stoppen met daten. Zonder dates in haar leven voelt ze zich leeg en eenzaam. Ze heeft het gevoel dat de tijd tikt en ze ontmoet het liefst vandaag nog de ware, omdat ze denkt dat ze anders de rest van haar leven alleen achter zal blijven. Hierdoor gaat ze van de een naar de ander en geeft ze zichzelf geen ruimte om de relatiebreuken en haar onderliggende gevoelens van leegte en eenzaamheid te doorvoelen en te verwerken.

3. De anorectische liefdesverslaafde

De anorectische liefdesverslaafde heeft besloten om 'no matter what', intimiteit te vermijden, zowel emotioneel als seksueel, uit angst om opnieuw gekwetst, afgewezen of in de steek gelaten te worden. Dit type uit zich als tegenovergestelde van de romantische liefdesverslaafde. Als anorectische liefdesverslaafde ben je eigenlijk heel romantisch en wil je net als de liefdesverslaafde niets liever dan niet alleen zijn, maar je durft niet.

Zoals, Sindy. Zij klopte bij me aan omdat ze geen enkele relatie meer durfde aan te gaan. Ze heeft een achtergrond van seksueel misbruik en voelde bijna geen enkel, seksueel of emotioneel verlangen meer. Dit verlangen werd heel af en toe aangeraakt maar haar angst voor afwijzing was zo groot, dat ze besloot geen enkele relatie meer aan te gaan. Samen hebben we door middel van EMDR therapie gewerkt aan haar trauma's. Nadat ze voelde dat deze gebeurtenissen naar de achtergrond verdwenen waren, is ze heel voorzichtig aan gaan daten. De angsten die ze hierin tegenkwam kon ze onder ogen zien en waren dragelijk, waardoor ze stapje voor stapje haar onrust en angsten durfde aan te gaan. Dit comfortabel worden met het oncomfortabele is essentieel bij het doorbreken van ongezonde relatie dynamieken.

4. De niet romantische liefdesverslaafde

De niet-romantische liefdesverslaafde raakt geobsedeerd door een ander persoon, maar dit heeft niets te maken met romantiek, seks of liefde. Je kunt obsessief verslaafd raken aan een kennis, een vriend, een collega, een leraar of een beroemdheid. Vaak hebben zij karaktertrekken die jij ook zou willen hebben. In extremere gevallen kan er sprake zijn van stalking en geweld. Een film waarin dit type wordt uitgelicht is 'Single white female.' Wanda is een voorbeeld van een niet romantische liefdesverslaafde. Ze is al 30 jaar in extreme mate fan van een popster, gaat al zijn concerten af in binnen en buitenland en heeft het idee dat er écht contact is tussen hen, bijvoorbeeld dat hij liedjes over haar zingt.

5. De reddende relatieverslaafde

De reddende relatieverslaafde vindt het fijn om nodig gevonden of aanbeden te worden. Dit nodig zijn of aanbeden worden is hun 'drug of choice'. Ik ben jouw redder! Ze trekken vaak verslaafden of andere hulpbehoevenden aan zodat ze controle kunnen uitoefenen op de ander. Dit geeft ze een goed gevoel over zichzelf, ze ontlenen er hun eigenwaarde aan. Echt verbinden en kwetsbaar zijn is hun grootste angst. Dit kan zowel in liefdesrelaties als in vriendschappen plaatsvinden.

Jolanda volgt het jaartraject bij mij en herkende zichzelf in dit type. Ze komt uit een één oudergezin waarin ze de rol van een partner vervuld heeft als kind. Ze is extreem gaan zorgen voor haar moeder en heeft zichzelf volledig weggecijferd in de hoop dat ze in ruil voor haar extreme zorg wat liefde aandacht en erkenning zou terugkrijgen. Ze heeft dit patroon meegenomen naar haar volwassen leven en heeft alleen maar partners gekend waarbij ze haar patroon kon uitleven. Ook voor haar zoon zorgt ze extreem veel, zelfs wanneer dit ten koste gaat van haar gezondheid. Inmiddels is Sabine 6 maanden bij mij in traject , waarover ze het volgende schrijft:

'Na een aantal maanden in het jaartraject bij Claudia en een bijzondere week op Ibiza, merk ik dat ik liever voor mezelf ben geworden. En het mooie is dat mijn omgeving mee verandert. Onlangs heb ik voor het eerst open met mijn moeder gepraat over vroeger. Ik vond het heel moeilijk om het te benoemen en was bang voor een afwijzende reactie als ontkenning of boosheid, maar ik heb verteld dat ik als kind in de rol van haar partner terecht ben gekomen. Ik werd haar steun en toeverlaat en zij deelde al haar problemen met mij. Mijn moeder is zelf erg beschadigd in haar jeugd doordat zij een manisch depressieve moeder had en emotioneel en fysiek is mishandeld. Mijn vader dronk en was emotioneel onbeschikbaar voor haar. Er was altijd (de dreiging van) ruzie over zijn drankgebruik. Haar hele huwelijk was ze on-

gelukkig en als kind wilde ik maar één ding: mijn moeder blij maken, troosten en helpen. Mijn moeder wantrouwt anderen en kon vroeger geen aansluiting vinden bij andere volwassenen dus ze vond wat ze nodig had bij mij.

Het mooie is dat ze open stond voor wat ik te zeggen had, al was het moeilijk voor haar om te horen. Ze zei hoe speciaal onze band altijd geweest is voor haar, maar ziet nu in dat het niet passend was bij mijn leeftijd en begrijpt nu ook waarom ik mezelf in het contact met anderen verlies. Ze is blij dat het beter met me gaat en dat ik grenzen stel nu. Voor mij was dit zo fijn. Na al het innerlijk kindwerk (een van de zelfhelende methoden die later in dit boek aan bod komen) had ik geen bevestiging of erkenning meer nodig van mijn moeder. En volledig onverwacht, kreeg ik die nu toch. Wat een cadeau. Voor het eerst in jaren voelde ik me weer verbonden met mijn moeder. Een mooi gesprek vanuit liefde, zonder verwijten, zonder verdedigen, gewoon begrip over en weer. En zij vertelde dat ze zoveel niet geleerd heeft in haar jeugd en dat nu met terugwerkende kracht inziet. Bij mij viel een stuk angst weg. Me eerlijk uitspreken is nieuw voor me, maar wat doet het me goed!'

6. De gewelddadige relatieverslaafde

De gewelddadige relatieverslaafde is een persoon die in relaties, maar vaak ook op andere vlakken van zijn leven intimideert, manipuleert en verbaal, fysiek en of emotioneel geweld toepast. Vrijwel altijd trekken zij een typische relatie of liefdesverslaafde aan. Hun doel is om hun partner emotioneel maar soms ook fysiek in een gevangenis te houden. Ze voelen zich bevoegd hun partner te controleren op alle vlakken van hun leven. De onderliggende grootste angst voor dit type is om in de steek gelaten te worden dus doen ze er alles aan om dit gevoel van afwijzing op afstand te houden. Je kunt hierbij denken aan partners met een narcistische of antisociale persoonlijkheidsstoornis of gewelddadige partners.

Menno is een man die zelf jarenlang ernstige middelenverslavingsproblematiek heeft gehad, verschillende relaties heeft gehad en kinderen bij verschillende vrouwen heeft. Ieder vrouw met wie hij een relatie had, heeft hij fysiek, mentaal en emotioneel mishandeld. Hij is aan het herstellen, is inmiddels clean maar zijn verlatingsangst en angst voor afwijzing zijn nog zo sterk aanwezig dat hij nog regelmatig terugvalt in stalking en agressief gedrag, zowel naar zijn partners als naar zijn inmiddels volwassen dochter. Deze gevoelens zijn zo sterk dat hij uiteindelijk ook terug is gevallen in middelengebruik.

7. De zelfdestructieve relatieverslaafde

De zelfdestructieve relatie-liefdesverslaafde zoekt extreme partners uit, vaak zijn dit partners die hen mishandelen. Dit type is bijna altijd een vrouw, slechts een enkele keer komt dit voor bij mannen. Als er sprake is van mishandeling en de buren bellen de politie, dan zal zij haar man altijd verdedigen zodat het patroon in stand gehouden wordt.

Rowena klopte volledig verslagen bij mij aan. Ze weet inmiddels dat ze te maken heeft met een partner met narcistische trekken, maar ze is niet in staat om hem los te laten. Hij onderhoudt allerlei verschillende dubbellevens die haar heel veel pijn doen. Hij controleert haar de hele dag door, zo moet ze gedurende de dag foto's en video's sturen van waar ze is. Soms ontploft hij, scheldt haar uit en slaat haar. Ondanks deze pijn zegt zij er toch voor te kiezen bij hem te willen zijn. Ze doet continu onderzoek naar alle escapades van haar partner en komt ook steeds tot nieuwe bewijzen, maar ze is (nog) niet in staat om hem los te laten. Bij Rowena is sprake van traumabinding waardoor ze haar partner in bescherming neemt, ook al mishandelt hij haar. In hoofdstuk vier vertel ik meer over trauma en hoe je los kan komen uit relaties waarin sprake is van traumabinding.

8. De seksuele liefdesverslaafde

De seksuele liefdesverslaafde heeft meestal de patronen van een typische liefdesverslaafde, maar is daarbij geobsedeerd door seks en seksuele fantasieën, altijd gericht op één persoon. Dit in tegenstelling tot de seksverslaafde die zich meestal richt op meerdere partners. Zoals de meeste liefdesverslaafden zullen ze pijn en verdriet accepteren maar in dit geval met name om de seksuele relatie niet te verliezen. Net als de liefdesverslaafde gaat het seksuele type steeds opnieuw op zoek naar een nieuwe partner om zich helemaal (seksueel) in te verliezen. In tegenstelling tot de liefdesverslaafde is seksualiteit daarbij belangrijker dan liefde, maar is zij daarbij wel monogaam en een korte periode seksueel geobsedeerd door één persoon.

Floor is een vrouw die steeds weer opnieuw mannen tegenkomt die haar lichaam doen hunkeren naar seks. Dit gevoel is zo sterk dat ze het als machteloosheid ervaart, wat kenmerkend is voor verslaving Ze heeft een bepaalde periode seks totdat deze relatie overgaat of er iemand langskomt die haar opnieuw deze gevoelens van verlangen en machteloosheid laten ervaren.

9. De relatieverslaafde ouder

De relatieverslaafde ouder is een ouder die zichzelf verloochend voor haar kind om op deze manier de eigen innerlijke wonden van eenzaamheid, innerlijke leegte, verdriet en een verminderd gevoel van eigenwaarde te bedekken. Je vormt een ongezonde ouder-kind relatie als er sprake is van een hoge mate van verstrengeling (symbiose). Ouders geven in de ouder-kind relatie dan teveel van zichzelf uit angst om de liefde van hun kind te verliezen. Op deze manier overtreden ze de grenzen van hun kind regelmatig en delen teveel informatie die niet overeenkomt met het ontwikkelingsniveau van het kind. Ze zien hun kinderen als een verlengstuk van zichzelf. Er is hierbij geen sprake van romantische liefde.

Manon heeft twee puberdochters waar ze alles voor doet. Haar man heeft haar verlaten voor een jongere vrouw en ze voelt zich niet de moeite waard. Ze doet er alles aan om geliefd te worden door haar kinderen maar zo extreem dat ze zich schuldig voelt als ze een keer geen tijd heeft of diep van binnen voelt dat ze het eigenlijk niet wilt doen. Haar dochters doen niets in het huishouden en gebruiken hun moeder voor allerlei klusjes. Manon hoopt op een beetje waardering van haar dochters maar zelfs met Moederdag vergeten ze haar. Dit voorbeeld is een wat extremere vorm, maar vindt zoals alle types plaats in meer of mindere mate.

Het kan zijn dat je jezelf of je partner in verschillende typen herkent of dat er een bepaald type is dat bij jou een bepaalde periode in je leven meer of minder aanwezig was. Als je je herkent in de relatieverslaafde ouder, dan ben je meestal ook één van de andere bovengenoemde typen. Meestal raak je je zogenaamde bodem met één vorm van relatieverslaving en kom je er tijdens je herstelproces achter dat de verslaving zich op meerdere vlakken manifesteert en tot uiting komt.

Uiteraard kunnen al deze relatiepatronen plaatsvinden op onbewust niveau. Deze patronen heb je ergens in je leven ontwikkeld als verdedigingsmechanismen. Ik hoor vaak van cliënten dat ze geen idee hebben waar in hun leven ze deze beschadiging hebben opgedaan omdat er geen sprake zou zijn van trauma of misbruik. Ik leg dan uit dat deze relatie-dynamieken ook ontwikkeld kunnen worden door subtielere vormen van emotionele mishandeling. Dat klinkt misschien wat zwaar, maar het gaat erom dat je opgegroeid bent in een gezin waar misschien wel praktische zorg aanwezig was, maar weinig tot geen emotionele zorg. Echte emotionele beschikbaarheid was vaak niet aanwezig. Ook is het in deze situatie vaak moeilijk te herkennen als een tekort of een gemis. Er wordt wel eens gezegd: 'wat je niet kent kun je ook niet missen,' maar dat klopt naar mijn idee niet. Je kunt we degelijk missen wat je nooit gekend hebt. Met name op latere leeftijd komt dit gemis tot uiting. Wanneer je uit een gezin komt waar wel voldoende emotionele zorg gegeven, is er misschien een andere vervelende periode of gebeurtenis die gevoelens van onzekerheid, innerlijke kou en leegte gecreëerd hebben. Je kunt hierbij denken aan een pestverleden. Hoe dan ook, er ligt altijd een oorzaak ten grondslag aan verslavende relatiedynamieken. Het is mijn taak om samen met jou te onderzoeken wat de redenen zijn zodat je kunt herstellen en helen.

GEWELD IN RELATIES EN RELATIEVERSLAVING

Tussen de types kwamen ook voorbeelden van relatieverslaving langs waarin geweld en mishandeling een rol spelen. Wanneer je met een partner te maken hebt die psychisch en lichamelijk geweld pleegt, is dat hoe dan ook fout. Emotioneel onbeschikbaar zijn is iets anders. Laat hier geen verwarring over bestaan. Wel zou je kunnen stellen dat partners die geweld plegen per definitie emotioneel onbeschikbaar zijn, niet naar de ander toe, maar ook niet naar zichzelf. Ze weten niet hoe zo op een gezonde manier gevoelens kunnen uiten. Maar partners die structureel vreemdgaan, autistisch zijn of verslaafd zijn, hoeven geen psychisch of lichamelijk geweld te gebruiken.

Relatieverslaving gaat over je structureel aangetrokken voelen tot een emotioneel onpersoon. Dat betekent dus niet per definitie dat je je structureel aangetrokken voelt tot partners die geweld plegen, al kan dat wel een onderdeel zijn van de relatieverslaving.

WAT IS CODEPENDENTIE?

De laatste vorm van verslavende relaties die ik wil bespreken is codependentie. Eigenlijk heeft codependentie een aparte positie ten opzichte van relatie- en liefdesverslaving. Waar relatie- en liefdesverslaving duidelijk twee vormen van verslavende relaties zijn (die weliswaar vaak in elkaar overlopen), heeft codependentie een dubbelrol. Enerzijds is het een vorm van een verslavende relatie, verslaafd aan de goedkeuring en bevestiging van andere mensen. Maar anderzijds ligt codependentie een laagje dieper in ons bewustzijn dan relatieverslaving, liefdesverslaving. Naar mijn mening is het de onderlaag van álle vormen van verslaving en vormt het een van de eerste reacties- de basis overlevingsstrategie - op een onveilige hechting met je ouders of in reactie op ouders die emotioneel onbeschikbaar waren. Vanuit deze laag van codependentie kan vervolgens een (relatie)verslaving op een specifiekere manier tot uiting komen, of niet. Het kan ook zijn dat je enkel codependentie symptomen vertoont, maar geen relatie, liefdesverslaving ontwikkelt. In dat geval lijd je enkel aan codependentie en ben je verslaafd aan de goedkeuring van anderen. Om het visueel te maken, zou je codependentie kunnen voorstellen als een hand. De hele hand symboliseert codependentie en de vingers aan de hand de verslavingen die daaruit voortkomen.

Ik zal zo uitgebreid terugkomen op de verschillen en overeenkomsten van de verschillende vormen en zal eerst wat meer vertellen over wat codependentie is.

De letterlijke vertaling van codependentie is 'mede afhankelijkheid'. Het begrip is ontstaan in de jaren vijftig en werd oorspronkelijk gebruikt als benaming voor partners van alcoholisten en drugsverslaafden (hiervoor wordt nu de term co-verslaving gebruikt). Ze ontdekten dat partners van verslaafden allemaal leken te kampen met sterke gevoelens van schaamte, boosheid, pijn en verdriet. Deze gevoelens stonden in relatie tot de verslaafde die het middelpunt vormde van alle problemen in het gezin. Later ging men echter inzien dat deze gevoelens óók voorkwamen in andere disfunctionele gezinnen en dat deze gevoelens vaak blijven, ook wanneer de verslaafde partner herstelde van zijn verslaving. Op het moment dat de verslaafde partner herstelde van actieve verslaving, bleef het gedrag van de partner in stand. Dit gedrag kenmerkte zich door pleasen, overmatig zorgen en verantwoordelijkheden van de ander overnemen terwijl het eigenlijk niet meer nodig was! De problematiek zat dus in de persoon zelf en was geen directe consequentie van de verslaving van de ander maar werd getriggerd door de verslaving van de ander.

codependentie

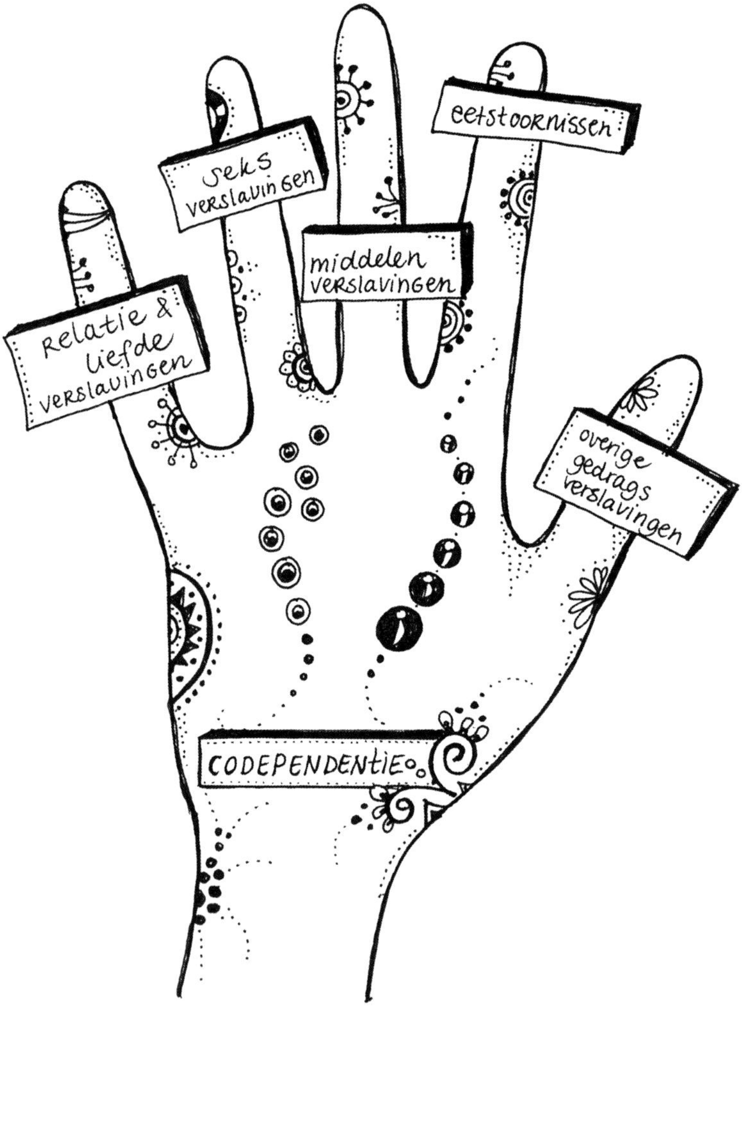

De conclusie was dat codependentie een op zichzelf staande aandoening bleek. Een overlevingsstrategie. Vaak bleek dat die partner uit een gezin kwam waar verslaving of emotionele onbeschikbaarheid aan ten grondslag lagen waardoor er wel een gevoeligheid voor codependentie latent aanwezig was maar een trigger van buitenaf nodig was (de verslaafde of hulpbehoevende partner) om het gedrag tot uiting te kunnen laten komen. Zelf hanteer ik als definitie van codependentie dat het een trance is waarin je de wensen en behoeftes van een ander belangrijker maakt dan die van jezelf. Codependentie is 'automatische piloot' gedrag waar je zelf geen macht over hebt. Je ervaart machteloosheid als je handelt vanuit de trance van codependentie en vaak kom je er pas achter dat je vanuit die trance hebt gehandeld, wanneer het al is gebeurd. Als je toch weer 'ja' hebt gezegd, terwijl je 'nee' bedoelde. Of als je toch weer iets voor iemand hebt gedaan uit schuldgevoel. Als je in de trance raakt waarin je de wensen en behoeftes van een ander belangrijker maakt dan de behoeftes en wensen van jezelf, onderneem je niet meer met je volle verstand een actie. Je handelt vanuit het zogenaamde kind bewustzijn waardoor je niet meer vanuit je volwassen bewustzijn kunt reageren. Codependent gedrag is niet altijd gerelateerd aan liefdesrelaties maar kan zich ook manifesteren in de ouder kind relatie, op de werkvloer of in vriendschappen.

KENMERKEN EN SYMPTOMEN

Codependentie heeft een aantal kenmerken en symptomen die typerend zijn, Pia Mellody, een Amerikaanse autoriteit op het gebied van codependentie, verdeelt deze symptomen onder in primaire en secundaire symptomen[2]. De primaire symptomen

---

2) Pia Melody. Facing codependence

van codependentie tasten de relatie met het zelf aan terwijl de secundaire symptomen ontstaan uit de primaire symptomen en de relatie tussen jou en anderen beschadigen.

WAT ZIJN DE PRIMAIRE KENMERKEN?

De primaire kenmerken die dus de relatie met jezelf aantasten zijn dat:

- Je moeite hebt met een gezond gevoel van eigenwaarde.
- Je moeite hebt met grenzen stellen.
- Je emotioneel bewustzijn beschadigd is.
- Je het moeilijk vindt om je te uiten op een beheerste manier.
- Je behoeften en wensen ondergeschikt maakt aan die van de ander.

Uit deze primaire kenmerken, vloeien secundaire kenmerken voort die je relatie met anderen aantast, namelijk dat:

- Je negatieve controle uitoefent op anderen, of dat je je door anderen laat controleren.
- Je rancune en wrok koestert .
- Je spiritualiteit beschadigd is.
- Je verslavingen en ander compulsief (dwangmatig) gedrag vertoont.
- Je problemen met intimiteit hebt, het geven en ontvangen is uit balans.

Regelmatig geef ik gratis online trainingen waarin ik deze symptomen één voor één uitgebreid bespreek. Check de website om hier een keer gratis aan deel te nemen.

Met name controle is naast ontkenning een van de grootste kenmerken van relatieverslaving codependentie. In deze context betekent het dat je in plaats van open en eerlijk op te komen voor je behoeften en wensen, je via omwegen probeert te krijgen wat je nodig hebt. Dit verlangen komt voort uit het gevoel dat je de situatie niet kunt accepteren zoals die is. Je probeert op bewuste en onbewuste manieren het gewenste resultaat te beïnvloeden. Je kunt hierbij denken aan manipulatie, zeuren, negeren, intimideren, ruzie maken, ongeduldig worden, (passief) agressief zijn, pleasen, hulpeloos gedrag vertonen, ongeduldig zijn, de ander aanvallen, geven om te krijgen, allemaal voorbeelden van codependent controle gedrag. Deze gedragingen lijken (tijdelijk) het gewenste resultaat op te leveren maar hebben tegelijkertijd ook negatieve consequenties.

Controle is typisch een overlevingsstrategie die je ergens in je leven, vaak op jonge leeftijd hebt aangeleerd om je behoeften die niet vervuld werden, alsnog vervuld te krijgen. Wanneer je behoeften in je jeugd pas vervuld werden na die van anderen heb je deze strategie aangeleerd om via omwegen alsnog de liefde, aandacht en erkenning te krijgen die je nodig had. Controle komt dus voort uit een oude wond, die je door middel van controlerend gedrag probeert te bedekken, te compenseren. Lage eigenwaarde is een consequentie van de wond en zorgt voor angst, onrust en behoeftigheid, wat er in je volwassen leven voor zorgt dat je een diepe angst met je meedraagt om de ander te verliezen. Wanneer je controle pogingen inzet, geeft dit een gevoel van (schijn)veiligheid omdat de pogingen, de angsten kortstondig verdoven. Je kunt dit zien als een pleister op een wond. Wat je probeert te bereiken is de angsten op afstand te houden en je even geliefd te voelen. Helaas is dit veilige gevoel van tijdelijke aard aangezien je over heel veel gebeurtenissen in het leven maar heel weinig controle hebt. Controle is een illusie omdat je mensen en gebeurtenissen niet kunt controleren. Je hebt geen macht over een ander behalve over jezelf, en dat zelfs niet altijd. Dit geldt voor geliefden maar ook voor ouders en kinderen. Je kunt kinderen beïnvloeden maar niet controleren. Uiteindelijk kiezen ze hun eigen pad en doen ze precies waar ze zelf zin in hebben.

Andere voorbeelden van controlepogingen zijn:

- Door middel van ontkenning, rationalisatie, bagatellisering of verdringing van de realiteit doe je er alles aan om te voorkomen dat je iemand verliest.
- Uit angst om iemand te verliezen laat je alleen maar bepaalde aspecten van jezelf zien en andere aspecten laat je weg.
- Je speelt de baas over de ander.
- Je laat de ander de baas over jou spelen.
- Je zegt 'ja' terwijl je 'nee' bedoelt uit angst voor afwijzing.
- Je geeft om te ontvangen in de hoop dat je toch liefde, aandacht en erkenning krijgt waar je zo naar verlangt.
- Je plaatst jezelf boven een ander in de hoop dat de ander jou erkent, waardeert en ziet.
- Je plaatst jezelf onder een ander in de hoop dat de ander jou erkent, waardeert en ziet.
- Je geeft ongevraagde adviezen omdat dit goed is voor de ander waardoor hij of zij jou straks dankbaar is.
- Je vertelt de ander hoe die zich moeten voelen bijvoorbeeld dat hij van je moet houden terwijl alles erop wijst dat de liefde over is tussen jullie.
- Je vertelt de ander hoe die zich moet gedragen: niet vreemd

gaan, geen drank of drugs gebruiken, niet te hard werken, juist wel hard werken, minder eten, meer eten etcetera.

- Je hebt veel kritiek op de ander in de hoop dat de persoon verandert
- Je uit je eigen emoties niet omdat die mogelijk niet gewaardeerd worden door de ander.
- Je doet heel hard je best om de relatie te laten slagen.
- Je zendt signalen van hulpeloosheid uit in de hoop dat ervoor je gezorgd wordt.
- Passief agressief gedrag vertonen in plaats van open eerlijk te delen
- Je wilt iemand veranderen en doet daar alles aan.
- In discussie gaan over elkaars realiteit in plaats van te accepteren dat je allebei een andere mening hebt.
- De ander te kwetsen door eerlijkheid, cynisme, sarcasme en overdrijving
- Ruzie maken.

Codependentie vormt dus de onderlaag voor relatieverslaving en liefdesverslaving, maar staat ook op zichzelf. Hoe kan je dit voor je zien? Als je (relatie)verslavingen in kaart zou brengen aan de hand van een metafoor, denk dan aan een boom. Een mooie, grote boom met wortels die tot diep in de aarde reiken. De wortels voeden zich met die aarde, en uit die wortels groeit een brede stam waaruit takken hoog de lucht in steken. De aarde is je jeugd, je voedingsbodem, de relatie met je ouders en de manier waarop je je aan hen gehecht hebt. Als je niet veilig gehecht bent of als je ouders emotioneel onbeschikbaar waren, dan vind je hier je onvervulde behoeftes, je schuldgevoelens,

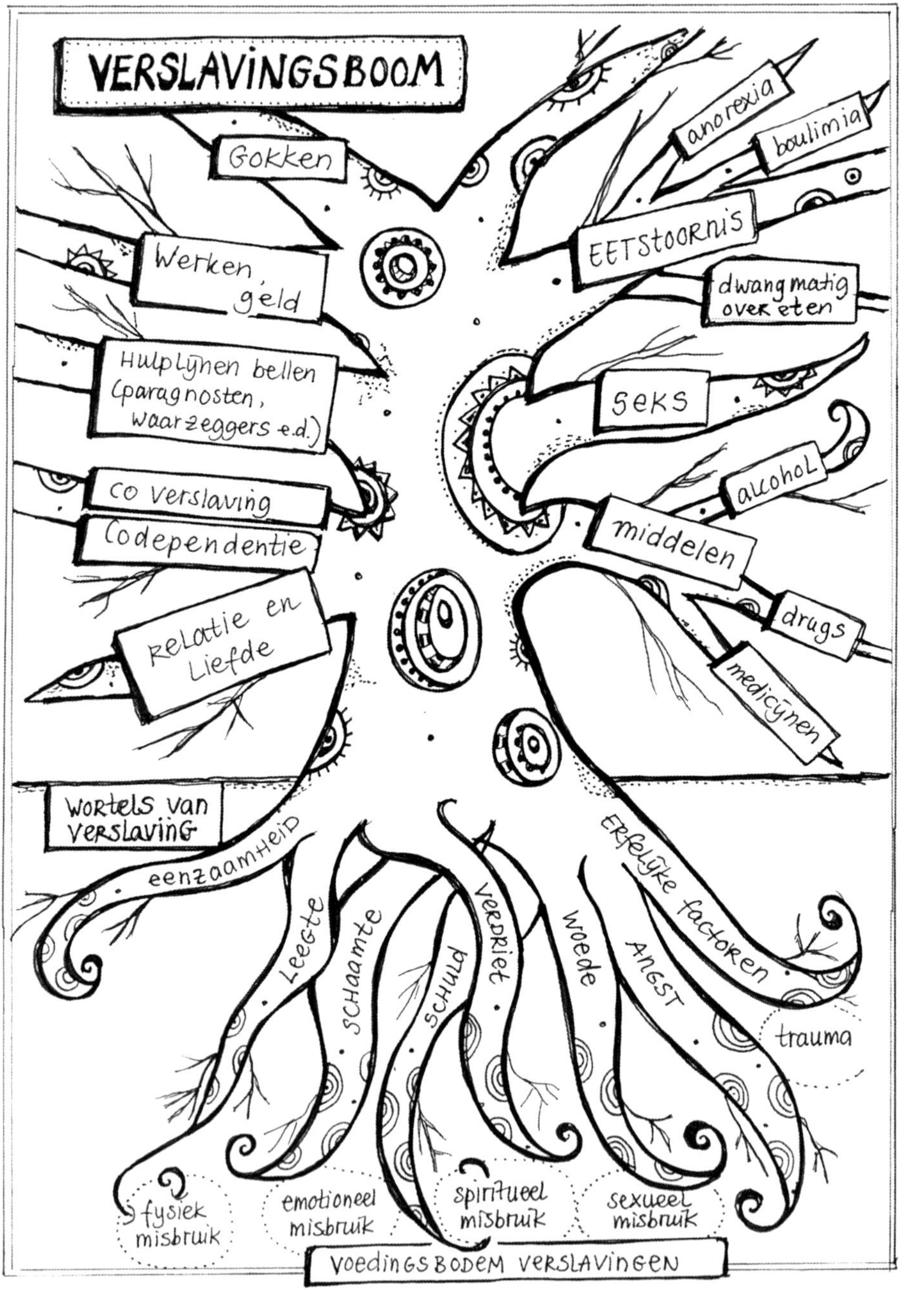
VERSLAVINGSBOOM
Gokken
anorexia
boulimia
EETSTOORNIS
Werken, geld
dwangmatig overeten
Hulplijnen bellen (paragnosten, waarzeggers e.d.)
SEKS
alcohol
co verslaving
Codependentie
middelen
relatie en Liefde
drugs
medicijnen
Wortels van verslaving
eenzaamheid
Erfelijke factoren
Leegte
Schaamte
Verdriet
Schuld
woede
ANGST
trauma
fysiek misbruik
emotioneel misbruik
spiritueel misbruik
sexueel misbruik
VOEDINGSBODEM VERSLAVINGEN

je schaamtegevoelens en je gevoelens van afwijzing. De aarde is jouw oude kindpijn. De wortels vormen je reactie hierop, je overlevingsstrategieën: het codependentie gedrag om deze gevoelens te omzeilen. Dit zijn kenmerken als het willen manipuleren en controleren of het pleasen, om alsnog de liefde, aandacht en erkenning te krijgen die je nodig hebt. Het is de reactie op alle onderdrukte gevoelens uit je jeugd, alle pijn en al het verdriet van waaruit je codependent gedrag is ontstaan. Dit vormt de basis van waaruit je opgroeit en volwassen wordt: de stam. En vanuit die stam kunnen zich op latere leeftijd verslavingen ontwikkelen: dit zijn de takken van de boom. Die staan symbool voor allerlei soorten verslavingen: van middelenverslavingen, gedragsverslavingen, eetstoornissen tot depressies, persoonlijkheidstoornissen, psychische ziektes of lichamelijke ziektes. Al deze verslavingen kunnen zich gaan ontwikkelen vanuit de aarde van je onvervulde behoeftes, je gevoelens van schuld en schaamte waarbij schaamte (zelfafwijzing) het kerngevoel vormt. De wortels zijn de codependentie, het is je angst voor afwijzing die je hierdoor hebt ontwikkeld, het gevoel dat je niet goed genoeg bent, dat je diep van binnen gelooft dat je niet oké bent en de manieren die je hebt om dit verhullen, om afwijzing te voorkomen en om liefde van anderen te ontvangen. De takken die hier in je volwassen leven uit groeien zijn je (mogelijke) verslavingen, het zijn als het ware secundaire verslavingen vanuit die codependentie laag en het zijn allemaal methoden om de pijn van schuld, schaamte en afwijzingen uit je jeugd niet te hoeven voelen. Als we het toespitsen op verslavende relaties kan dit een tak van relatieverslaving zijn, een tak van liefdesverslaving of een tak van codependentie zelf. Codependentie ligt dus ten grondslag aan alle (relatie) verslavingen, maar kan ook een tak op zichzelf vormen.

HET VERSCHIL TUSSEN RELATIEVERSLAVING, LIEFDESVERSLAVING EN CODEPENDENTIE

Wat al deze relatieproblemen met elkaar verbindt, is verslaving. Kenmerkend voor verslaving is wat psychologen 'intermittent reinforcement' noemen: het proces waarbij je verslaafd gedrag gaat vertonen op het moment dat je niet consequent beloond wordt, maar inconsequent, zoals bijvoorbeeld bij gokken. Als je elke keer dat je achter een gokmachine kruipt en de hendel omlaag trekt geld uitgekeerd zou krijgen, zou dat handig zijn, maar het niet tot een heel leuk spel maken. Juist omdat je niet weet of het gaat lukken, maar dat er een kleine kans bestaat dat je zomaar een groot bedrag zou kunnen winnen, wordt het spannend. 'Nog één muntje,' denk je dan steeds, want misschien is dit wel de winnende slag!

Als je dit vergelijkt met liefdesverslaving, werkt het als volgt: Als liefdesverslaafde ga je onbewust op zoek naar partners die niet volledig beschikbaar voor je zijn, zoals partners die nog in een relatie zitten, of iemand die jou niet leuk genoeg vindt voor een relatie. Je krijgt van hen misschien een beetje liefde, maar niet veel en vaak ook helemaal niet. Het is onvoorspelbaar wanneer je liefde gaat krijgen of niet, net zoals je niet weet of dit het winnende muntje is dat de jackpot uit zal keren. Je probeert vaak van alles uit en kijkt of het werkt: lief zijn of juist afstandelijk, sexy of juist maagdelijk. Waar reageert hij op? Wat werkt het beste? Je past jezelf aan, aan de wensen en behoeftes van de ander, maar wat de ene keer werkt, lijkt de andere keer weer niet te werken. Het maakt het een spannend spel, een jacht op liefde, net zo inconsequent als een gokmachine in een casino waarbij je jezelf afhankelijk opstelt en je je als een kameleon gedraagt die haar kleuren afstemt op haar partner.

Als je de liefde wel consequent zou krijgen, zou je het spel niet leuk vinden. Het gaat dus eigenlijk niet om het krijgen van de relatie of het behouden van de liefde, maar om de jacht ernaar; om de spanning van de verliefdheid en het veroveren van de liefde. Steeds gooi je nieuwe muntjes in de liefdesmachine in de hoop dat je bevestiging krijgt, aandacht of misschien een liefdesverklaring. En als het je lukt en je hem voor je gewonnen hebt, valt de spanning weg en draaien de rollen om.

Een relatieverslaving werkt anders. Als relatieverslaafde zoek je in een relatie veiligheid en zekerheid. Zelf ben je vaak onzeker en heb je een lage eigenwaarde gevoed door een partner met een verslaving, een narcistische stoornis, een vorm van autisme, een depressie of doordat de partner nog in een relatie zit of vreemdgaat. Het beginstadium van relatieverslaving en liefdesverslaving lijkt dus op elkaar, wanneer de 'needy' afhankelijke kant de overhand krijgt, maar als de liefdesverslaafde uiteindelijk de jacht gewonnen heeft en zich in een relatie bevindt, is die er al snel op uitgekeken, terwijl de relatieverslaafde in deze relatie blijft, ook als die daarin ongelukkig is. Het vasthouden aan de relatie zelf, is voor hen de verslaving. Je blijft koste wat het kost in deze ongelukkige relatie waarin niet aan je behoeften wordt voldaan, omdat je die opzij zet voor je partner. Alles om de relatie maar te behouden.

Seksverslaafden zoeken vaak een relatieverslaafde partner omdat ze bij hen veiligheid en zorgzaamheid vinden, zonder dat deze persoon in staat is om bij ze weg te gaan als ze vreemdgaan of een open relatie voorstellen. De relatieverslaafde kijkt dan vaak de andere kant op, of gaat er in mee, om de relatie in stand te houden.

Codependentie lijkt op liefdesverslaving en relatieverslaving in de zin dat het gekenmerkt wordt door een lage eigenwaarde, door het gebrek aan grenzen stellen en een diepgewortelde onzekerheid die zorgt voor angst, onrust en behoeftigheid. Ook manipulatie en controle vormen net als bij codependentie, bij relatieverslaving, liefdesverslaving en co-verslaving een grote rol, maar codependentie hoeft niet alleen maar tot uiting te komen in een liefdesrelatie met een emotioneel onbeschikbare partner of een verslaafde partner. Het kan ook voorkomen in liefdesrelatie met een emotioneel beschikbare partner of niet liefdesrelaties, zoals in de relatie met je collega's, met je broers of zussen, vrienden of met je kinderen. Kenmerkend is dat de codependent de behoefte heeft om nodig te zijn en dat hij de behoeften en wensen van een ander belangrijker maakt dan die van zichzelf in andere relaties. Relatieverslaving bestaat nooit zonder de onderlaag van codependentie, terwijl codependentie prima op zichzelf kan staan.

De grote vraag van al deze vormen van verslavende relatiepatronen is waarom je deze relatiedynamieken aantrekt en continue dezelfde cyclus herhaalt? Zoals bij het bespreken van codependentie al naar voren kwam, ligt het antwoord in je jeugd. Het kan zijn dat je helemaal niet zo'n zin hebt om naar je jeugd terug te keren. Toch is je bewust worden van de oorzaak van je relatieverslaving nodig om gericht actie te kunnen ondernemen om de cyclus te doorbreken. In het volgende hoofdstuk gaan we daarom kijken naar de aarde waarin onze wortels verankerd zijn en wat de voedingsbodem is van de relaties in ons leven.

OPDRACHT 1

Nu je weet wat de verschillende verslavingen inhouden wil ik je vragen om te reflecteren op je eigen relatie verleden.

Herken je je in de kenmerken en symptomen van relatieverslaving, liefdesverslaving of codependentie? Inventariseer al jouw kenmerken en symptomen en schrijf ze op.

....

....

....

....

....

....

....

....

....

....

....

....

....

....

....

....

....

....

OPDRACHT 2

Je weet nu ook dat onder iedere relatie- of liefdesverslaving co-dependentie symptomen schuilgaan.

Welke herken je wel of niet in je leven? Noem bij elk primair en secundair symptoom een voorbeeld waaruit blijkt dat dit symptoom een rol speelt in jouw leven.

....

....

....

....

....

....

....

....

....

....

....

....

....

....

Nu je weet welke verslavende relatiedynamieken en symptomen bij jouw aanwezig zijn, kun je starten met je herstel. De eerste stap is namelijk altijd herkenning en erkenning!

3.

HECHTING: DE VOEDINGSBODEM VAN ONZE RELATIES

"Gevoelens en emoties zijn onderdeel van het probleem, maar ook van de oplossing."

In het vorige hoofdstuk beschreef ik de metafoor van een boom waarvan onze jeugd de aarde vormt, de wortels de onderlaag van codependentie en de takken de eventuele verslavingen die we in ons volwassen leven krijgen. We zijn begonnen met het onderzoeken van de takken, onze verslavingen, en hebben relatieverslaving, liefdesverslaving en codependentie onder de loep genomen. Van daaruit zijn we via de stam afgedaald naar de wortels van de boom: de codependentie laag die aan deze verslavingen ten grondslag ligt. In dit hoofdstuk dalen we nog een stukje verder af naar beneden en gaan we de aarde omploegen, de voedingsbodem voor verslavende relaties: onze jeugd.

Misschien herken je jezelf in de kenmerken en symptomen van een van de vormen van verslavende relaties of in een mix van allemaal. Wellicht weet je zelfs al waar het bij jou vandaan komt! Want dat is een hele belangrijke vraag: hoe komt het toch dat je steeds weer relaties aantrekt die je niet gelukkig maken? In het vorige hoofdstuk kwam al naar voren dat de oorsprong van relatieproblemen in je jeugd ligt en dan met name in de hechting met je ouders of verzorgers of in een pestverleden. Voor sommige zal dit heel duidelijk herkenbaar zijn als de oorzaak van hun problemen. Misschien had je een alcoholistische/verslaafde, emotioneel onbeschikbare ouder of een ouder die leed aan depressie, of ben je door een van je ouders mishandeld of in de steek gelaten. Maar het kan ook zijn dat je je afvraagt: ik weet echt niet waar het bij mij vandaan komt, ik heb toch een goede jeugd gehad? Hoe kan het dan dat het maar niet lukt om gelukkig te worden in de liefde?' Geloof me, je bent niet de enige! Veel mensen vragen zich oprecht af hoe zij in het patroon van verslavende relaties terecht zijn gekomen, omdat er in hun jeugd niets aan de hand lijkt te zijn geweest. Er was niemand verslaafd, er werd niet geslagen en er was genoeg geld.

Het is niet ongewoon voor een relatieverslaafde, liefdesverslaafde of codependent dat er aan het gedrag een geschiedenis van trauma, verwaarlozing en/of emotionele onbeschikbaarheid aan ten grondslag ligt. Ook in een gezin waar er praktisch erg goed voor je gezorgd werd, maar waar weinig gesproken werd over alledaagse problemen, gevoelens en emoties, kan er sprake zijn van emotionele onbeschikbaarheid. Al deze problemen, gevoelens en emoties stonden dan als een grote roze olifant in de huiskamer, waar niemand iets over zei. Je gevoelens werden mogelijk ontkend, onderdrukt, gebagatelliseerd, weggepraat, belachelijk gemaakt of veroordeeld. Je ouders hebben dit vaak zelf ook niet geleerd in hun jeugd, waardoor ze het zelf niet konden doorgeven. Het is belangrijk om te begrijpen dat verslavende relaties zeer weinig te maken hebben met echte liefde. In feite is het het tegenovergestelde. Hoewel het lijkt alsof je als relatie of liefdesverslaafde naarstig op zoek bent naar liefde, is de realiteit dat de liefde niet echt is wat je drijft. Bij echte intieme liefde is er een bereidheid vereist om kwetsbaar te zijn. En ook al zou je het niet verwachten, onbewust ben je net zo bang voor intimiteit en kwetsbaarheid als de emotioneel onbeschikbare partner waarvoor je valt.

Om tot deze kern te komen, wil ik in dit hoofdstuk de verschillende hechtingsstijlen uitleggen en het effect ervan in het aangaan van onze volwassen relaties. Alleen weten dat verslavende relaties ontstaan zijn in onze jeugd is niet genoeg. We moeten begrijpen hoe ons hechtingspatroon werkt, omdat we dit patroon in onze latere relaties zullen herhalen. Door onze hechtingspatronen en overlevingsstrategieën te onderzoeken, begrijpen we waarom we bepaalde partners aantrekken en kunnen we gericht actie ondernemen om uit dit patroon te stappen en deze los te laten.

HECHTINGSSTIJLEN

Je bent veilig of onveilig gehecht. Als je onveilig gehecht bent, kan dit op drie manieren. Ik zal zowel de veilige als de drie patronen van onveilige hechting bespreken.

Veilige hechting:

Als ouders emotioneel beschikbaar zijn, komt er een veilige hechting tot stand waarin zich een gezonde symbiose kan ontwikkelen. Dit betekent dat er een open liefdeskanaal is tussen moeder en kind en er een gezonde verbinding ontstaat die voor beiden prettig is. Bij een veilige hechting krijg je als kind wat je nodig hebt en kun je daarbij geheel jezelf blijven: je mag je gevoelens uiten zonder dat dit ten koste gaat van het contact. Als een kind veilig gehecht is, gaat het naar zijn ouders voor hulp, geborgenheid en zorg. Het voelt zich veilig bij zijn ouders en alleen al hun fysieke aanwezigheid kan hen geruststellen. Het kind voelt zich veilig genoeg om nieuwsgierig te worden naar de buitenwereld en die te onderzoeken en in die ontdekkingstocht leert het zijn eigen capaciteiten kennen. Hij ontwikkelt zelfvertrouwen, ondertussen wetende dat hij altijd terug kan keren naar de veiligheid van de ouders als het even te spannend wordt. Je bent dus veilig gehecht wanneer je ouders zowel praktisch als emotioneel tegemoet kwamen aan jouw wensen en behoeften. Ze waren het grootste deel van de tijd beschikbaar, ze waren aanwezig en ze konden goed aanvoelen wat je nodig had. Ze hoorden wat je te vertellen had en ze zagen wie je daadwerkelijk was. Mensen met een veilige hechtingsstijl met ouders die voldoende liefde, aandacht en emotionele veiligheid gaven, voelen zich later over het algemeen zelfverzekerd in de liefde. Ze zijn niet bang voor intimiteit, maar ook niet voor alleen zijn of om verlaten te worden.

Niemand is voor 100% veilig gehecht, maar je kunt wel een bepaalde basis van veiligheid, een basis vertrouwen in zowel jezelf als in de mensen om je heen ontwikkeld hebben waardoor je een grote kans loopt om een gelukkige relatie aan te trekken. Doordat je een veilige hechtingsstijl ontwikkeld hebt in je leven, of in iedere geval een basis daarvan, kun je je verbinden met andere mensen, maar tegelijkertijd kun je ook zelfstandig en autonoom zijn en je daar ook prettig bij voelen. Veilig gehechte mensen lopen de kans om gelukkige relaties te hebben die gebaseerd zijn op veiligheid en vertrouwen. Ze voelen zich comfortabel omdat ze hun gevoelens en wensen kunnen delen en ook omdat ze die van de ander tegemoet kunnen komen, maar ze kunnen de behoeften en wensen van een ander ook beantwoorden. En dat is toch eigenlijk wat we allemaal zouden willen!

Onveilige hechting:

Een kind hecht zich onveilig door symbiose trauma, dit ontstaat wanneer je je als kind aan een getraumatiseerde ouder probeert te hechten. Doordat de vader of moeder een trauma heeft, is deze emotioneel onbeschikbaar en ervaart het kind afwijzing en verlatenheid in plaats van geborgenheid en veiligheid. Dit kan voor een kind echt aanvoelen als doodsangst, omdat het voor overleving geheel afhankelijk is van zijn ouders. Om deze doodsangst niet te hoeven voelen, gaat het zich aanpassen. Het voelt zich niet vrij om gevoelens van wanhoop, vertwijfeling en verlatenheid te uiten omdat het de ouders niet wil belasten of bang is voor de reactie hierop. Eigenlijk is er geen ruimte bij de ouders om hier op een gezonde manier mee om te gaan. In plaats daarvan zet het kind een overlevingsstrategie in om met deze onveiligheid om te gaan.

Als reactie op het symbiose trauma ontwikkelt een kind dus een onveilige hechting waarbij angst overheerst. Het kind is bang dat als het weggaat, de ouders er bij terugkomst niet meer zullen zijn of niet op dezelfde manier. Ook al is de relatie heel onveilig, toch zijn zij de enige die het kind iets van zekerheid bieden en uit angst om die enige zekerheid te verliezen, blijft het kind dicht bij de ouders in de buurt en wordt juist afhankelijker. Een kind kan daarom niet de wereld onderzoeken, zijn eigen capaciteiten ontdekken en zelfvertrouwen opbouwen. Hierdoor kan het zichzelf geen gevoel van zekerheid geven en is het daarvoor afhankelijk van anderen[3].

Onveilige hechting heeft een van deze vormen: angstig gepreoccupeerd gehecht, waarbij het kind de overlevingsstrategie

---

3) https://www.kopp-kind.nl/informatie-2/gevolgen-van-kopp-kind-zijn/hechting/

inzet om heel erg zijn best te doen om alsnog de aandacht en liefde van zijn ouders te winnen die het zo hard nodig heeft.

Angstig vermijdend gehecht, waarbij het de overlevingsstrategie inzet om zich juist terug te trekken en de aandacht en liefde van zijn ouders niet meer nodig lijkt te hebben. En gedesorganiseerd gehecht, waarbij het deze overlevingsstrategieën afwisselt en de ene keer zijn best doet en de andere keer zich terugtrekt, afhankelijk van hoe de ouders reageren. Als je als kind een van deze hechtingstijlen ontwikkeld hebt, herhaal je die in je latere liefdesrelaties omdat het de eerste belangrijke en enige ervaring is die je hebt in het verbinden met anderen. Telkens als je je wilt verbinden, wordt het trauma dat eronder ligt aangeraakt en reageer je op de manier die je altijd hebt ingezet.

1. Angstig gepreoccupeerd gehecht: vechten!

Als je angstig gepreoccupeerd gehecht bent, is jouw reactie: vechten voor de aandacht en liefde die je nodig hebt. Deze stijl uit zich in je best doen om liefde, aandacht en erkenning van je ouder of partner te krijgen. Wanneer je niet genoeg/voldoende aandacht en liefde hebt gekregen, draag je deze onvervulde pijn mee je volwassen leven in, dus ook naar je liefdesrelaties. Je partner brengt jou opnieuw in contact met die pijn doordat ze je op een soortgelijke manier behandelen of afwijzen waardoor je opnieuw jouw aangeleerde strategie inzet om alsnog die aandacht, liefde en erkenning te krijgen die je zo gemist hebt in je jeugd. Uiteraard is dit een poging die mislukt. Wanneer je die stijl ontwikkeld hebt, heb je de neiging je onzeker te voelen in een relatie. Je hebt veel geruststelling nodig en het kan zijn dat je bezitterig bent, controlerend of jaloers. Dat kan overdreven behoeftig voelen voor mensen met een veilige of een vermijdende hechtingsstijl. Je hunkert naar intieme verbinding en je doet er alles aan om dat voor elkaar te krijgen. Je vindt misschien manieren om je partner te controleren en te manipuleren en uit te vinden of hij wel echt van je houdt, maar er lijkt nooit voldoende liefde, verbinding, en intimiteit te zijn. Je blijft je continue afvragen of je partner wel echt met jou samen wil zijn: de zogenaamde verlatingsangst. Vanuit je verlatingsangst wil je een partner koste wat kost bij je houden en hiervoor zet je verschillende overlevingsstrategieën oftewel verdedigingsmechanismen in. Bijvoorbeeld: manipuleren, je best doen, pleasen, jezelf verklaren of verdedigen, uitleggen maar ook oordelen, samenspannen met anderen en eventueel agressie oftewel valse macht. Je maakt de beweging voorwaarts om te voorkomen dat je verlaten wordt. Door deze manier van doen verbind je je echter niet met je partner: doordat je te dicht op de ander zit en wilt versmelten, jaag je de ander uiteindelijk vaak weg.

2. Angstig vermijdend gehecht: vluchten!

Als je angstig vermijdend gehecht bent, is jouw reactie: vluchten voor de aandacht en liefde die je nodig hebt, onder het motto: wat je niet hebt, kun je ook niet kwijtraken. Deze stijl uit zich in de aandacht van je ouder/partner uit de weg te gaan om niet meer gekwetst te worden. Wanneer je deze stijl meeneemt naar je volwassen leven ga je relaties uit de weg uit angst om gekwetst te worden: de zogenaamde bindingsangst. Dit ontstaat wanneer je ouders emotioneel te belastend zijn geweest of juist emotioneel afwezig en onbetrouwbaar zodat je niet meer op hun emotionele steun kon rekenen. Je hebt geleerd dat je je beter niet aan iemand kan hechten omdat het alleen maar teleurstelling en pijn oplevert. Als je niets verwacht, kun je ook geen pijn of teleurstelling voelen, dat is jouw motto. Toch zou je graag een relatie willen, maar je bent bang dat dit alleen maar meer pijn of teleurstelling zal opleveren. Van deze strategie achter je bindingsangst ben je je echter niet bewust, jij wilt over het algemeen gewoon 'ruimte voor jezelf', en 'de dingen casual houden'. Enkele manieren waarop jij afstand in je intieme relaties kunt creëren zijn: afleiding zoeken, vermijden van intimiteit, druk zijn met andere bezigheden, uit contact gaan, de ander devalueren, verslaving, rationaliseren en dissociëren. Je maakt de beweging naar achteren en zo verbind je je expliciet niet met je partner. Zelf ben je je er vaak niet van bewust dat er onder jouw vrijheidsdrang juist een angst voor verlating schuilt.

3. Gedesorganiseerd gehecht: afwisselend vechten en vluchten

Als je gedesorganiseerd gehecht bent, is jouw reactie de ene keer vechten en de ander keer vluchten. Deze stijl is chaotisch. De ene keer doe je als kind je best en de andere keer trek je jezelf terug. Je ouder is onbetrouwbaar in het geven van aandacht waardoor er een mengeling ontstaat van bindingsangst en verlatingsangst, bijvoorbeeld wanneer je een ouder hebt met een persoonlijkheidsstoornis als narcisme, borderline of een antisociale stoornis. Het kan ook een ontwikkelingsstoornis zijn als autisme, een depressie of een angststoornis waardoor iemand onvoorspelbaar gedrag vertoont. Of misschien lijdt een van je ouders aan een middelenverslaving of een procesverslaving. In relaties wil je de ene keer je vrijheid behouden en verdraag je je partner niet om je heen, de andere keer wil je je partner niet loslaten en verstik je hem met je aandacht en roep je om nabijheid. En ook hier geldt dat je de ware verbinding en intimiteit met je partner uiteindelijk op afstand houdt.

PARENTIFICATIE

Net als relatieverslaving, liefdesverslaving en codependentie kunnen onveilige hechtingsstijlen zich op allerlei specifieke manieren uiten in de relatie tussen ouder en kind, afhankelijk van de ouders en hun psychische en emotionele problemen en de aard en ernst van de onveiligheid voor het kind. Als er sprake is van mishandeling en misbruik is de onveiligheid heel duidelijk aanwezig, maar als er sprake is van emotionele onbeschikbaarheid of een ongezonde emotionele band tussen ouder en kind, dan kan dat subtiele vormen aannemen die je misschien zelf niet meteen als zodanig zou herkennen. Vaak worden bijvoorbeeld de rolverdelingen tussen ouder en kind verwisseld: parentificatie. Letterlijk staat parentificatie voor rolverwisseling. Deze rolverwisseling kan plaatsvinden wanneer je als ouder jouw behoeften en wensen neerlegt bij je kind, jouw gevoelens op hen projecteert en/of verantwoordelijk maakt voor jouw emoties. Kinderen zijn nog niet in staat om jouw projecties te herkennen en bij jou te laten. In plaats daarvan zullen zij uit loyaliteitsgevoel zoveel mogelijk aan jouw wensen en behoeften voldoen, in de hoop jouw liefde, aandacht en erkenning te krijgen. Zij doen dit door verschillende rollen aan te nemen. Als kind zul je je steeds meer aanpassen aan je ouders. Dit verschijnsel noemen we het parentificatieproces. Tijdens deze interactie ontstaat steeds meer wederzijdse afhankelijkheid.

Alle kinderen vinden het fijn om voor hun ouders te zorgen. Ze helpen zo nu en dan in het huis of proberen hun vader of moeder te troosten als ze verdrietig zijn. Maar soms ontwikkelt dit patroon zich op een extreme manier en vindt er daadwerkelijk rolverwisseling plaats met als gevolg ontwikkeling van codependentie symptomen die weer uit kunnen monden in een relatieverslaving, liefdesverslaving of codependentie.

Zelf heb ik praktisch nooit zorg rollen hoeven vervullen maar emotioneel zeker wel. Ik werd bijvoorbeeld altijd verantwoordelijk gesteld voor het verbaal agressieve gedrag van mijn moeder. Als ik me anders had gedragen, had zij niet boos hoeven worden of hoeven schreeuwen. Ik heb me hier vaak schuldig over gevoeld. Waarom lukte het mij nou niet om te zorgen dat ze niet boos op mij werd? Zij nam hier geen verantwoordelijkheid voor. Ze had geen sterk ontwikkeld reflectief vermogen om dit in te kunnen zien. Ze was zeer reactief in haar emoties.

7 VORMEN VAN ONGEZONDE ZORG VAN OUDERS NAAR KINDEREN

Eerder gaf ik 9 types van relatie en liefdesverslaafden die ik vaker in mijn praktijk voorbij heb zien komen, op dezelfde manier zijn er ook voorbeelden van ouder-kind relaties die vaker voorkomen waarbij de rolverdeling ongezond is. Ik geef er hier 7, wellicht is er een die voor jou herkenbaar is, wat een aanleiding kan zijn om je hechtingspatroon beter in kaart te brengen.

1. Het kind dat klein moet blijven

Deze rolverdeling kan ontstaan als ouders teveel hechten aan het idee van hun kind als lief, hulpeloos en afhankelijk. Ze willen het kind het liefst dichtbij houden en vinden het vaak moeilijk om het kind los te laten en te laten opgroeien tot een zelfstandige volwassene. Het kind dat kind moet blijven stelt haar autonomie uit en blijft afhankelijk van haar ouders, wat tot in het volwassen leven kan voortduren. Kinderen die kind moesten blijven zijn later vaak niet in staat om verantwoordelijkheden te dragen, problemen op te lossen en risico's te nemen. Ze stellen hun autonomie uit en blijven afhankelijk van hun ouders. Soms blijven zij ook letterlijk thuis wonen. De uitdaging voor het kind dat kind moet blijven is om onafhankelijk en zelfstandig te worden. Het draait hierbij om het ontwikkelen van eigen keuzes in plaats van de betutteling te ondergaan. Ook moeten zij leren om conflicten aan te gaan, met hun ouders en met anderen.

2. Het kind als volwassene

Deze rolverdeling kan ook precies andersom plaatsvinden, dan is het juist het kind dat zich als een volwassene gaat gedragen omdat de ouders daar onbewust om vragen. Ouders leunen dan te veel op hun kind. Dit zijn vaak ouders die zichzelf nog kinderlijk gedragen of die niet stabiel genoeg zijn om op een gezonde volwassen manier verantwoordelijkheid te dragen. In deze rolverdeling wordt het kind ook vaak gezien als een "gelijke", bijvoorbeeld als vriendin van de moeder of de vriendin van de vader en worden er zaken gedeeld die niet passend zijn bij het ontwikkelingsniveau van het kind.

3. Het kind als partner

Bij alleenstaande ouders komt het vaak voor dat ze hun emoties delen met hun kind. Emoties die je met je partner zou delen, deel je dan met je kind, bijvoorbeeld na een echtscheiding of overlijden. Deze partner-parentificatie is in onze samenleving in een hoog tempo aan het toenemen. Veel kinderen zijn de dupe van het verdriet, de angst of de woede van één of beide ouders of van de machtsstrijd tussen de ouders.

4. Het kind dat overmatig zorgt

Soms zijn ouders niet in staat om voor hun kinderen te zorgen, bijvoorbeeld omdat ze ziek zijn, het druk hebben of de zorg niet aankunnen. Het komt dan voor dat de oudste de zorg op zich neemt voor de andere kinderen. Dit kan het gevolg hebben dat je het op latere leeftijd moeilijk vindt om je eigen behoeften en wensen te herkennen en te vervullen. Dit is een van de primaire codependentie symptomen. Meestal vinden deze volwassen geparentificeerde kinderen dat zij sterk moeten zijn en voor anderen moeten zorgen. Uiteindelijk raken zij burn-out , overspannen, depressief , verslaafd en/of uitgeput. Zorgende kinderen zijn in hun volwassen leven altijd bezig met geven en zien heel scherp de behoeften van anderen. Omdat ze niet altijd iedereen kunnen helpen, hebben ze last van schuldgevoelens. Zorgende kinderen hebben vaak weinig contact met leeftijdsgenootjes en zijn het liefst onder volwassenen. De uitdagingen voor het zorgende kind is vragen om hulp en aandacht en het ontvangen ervan. Hiernaast gaat het er bij hen om 'nee' te leren zeggen zodat zij eerst voor zichzelf kunnen gaan zorgen.

5. Het kind dat verantwoordelijk wordt gesteld voor de emoties van de ouder

Wanneer een ouder geraakt wordt in een stuk oude pijn, reageren zij vaak vanuit het gekwetste kind. Hierbij wordt niet zelden op een overdreven manier gereageerd waardoor er bij het kind allerlei gevoelens aangeraakt worden die niet bij de situatie horen en niet van het kind zijn. Ouders kunnen dus niet meer reageren als een volwassene, maar reageren zelf vanuit een kindstuk.

6. Het brave kind

Het kind gedraagt zich zo braaf mogelijk om te vermijden dat er problemen komen en zo toch nog wat liefde aandacht en erkenning te krijgen. Hierdoor zal men op latere leeftijd het idee hebben gewaardeerd te worden om wat ze doen en niet om wie ze zijn. Zij hebben de neiging om anderen ook zo te beoordelen. Zij schermen zich emotioneel af, houden al hun gevoelens onder controle en vermijden conflicten. Dit gedrag hebben zij in hun jeugd aangeleerd om aan de verwachtingen van hun ouders te voldoen maar uiteindelijk raken ook zij burn-out, depressief, verslaafd, perfectionistisch of overspannen. Brave kinderen zijn in het volwassen leven gevoelig voor perfectionisme. Enerzijds zorgt dit ervoor dat zij goede organisatoren en ondernemers zijn, anderzijds maakt dit ze kwetsbaar voor overspannenheid en burn-out. Vaak is er sprake van een verdrongen depressie en bestaat er een verhoogde kans op verslavingen. De uitdagingen voor het perfecte kind zijn het leren voelen en stellen van grenzen. Zij moeten leren omgaan met faalangstige gevoelens en met de innerlijke leegte en zullen ook beperkingen en imperfecties moeten leren toelaten.

7. De zondebok

Wanneer er veel spanning heerst tussen de ouders kan het kind zich onbewust uitermate lastig gaan gedragen om de aandacht van de problemen van de ouders af te leiden. Op deze manier fungeert hij of zij als bliksemafleider. De zondebok krijgt steeds verwijten naar zijn hoofd geslingerd. Voor emotionele behoeften is er geen plaats. De gevolgen voor deze zondebok zijn: wantrouwen naar anderen: 'Ik heb het toch altijd gedaan,' gevoelens van minderwaardigheid en moeite om in een groep te functioneren. Zondebokken zijn in het volwassen leven gevoelig voor minderwaardigheidsgevoelens. Hierdoor schieten zij snel in de slachtofferrol. In hun outsider positie voelen ze veel eenzaamheid, pijn en verdriet. Dit kan ze uiteindelijk in de rol van dader duwen. De uitdaging voor de zondebok is ruimte vragen voor eenzaamheid en pijn. Hiernaast is het belangrijk dat zij uit een conflict leren komen als winnaar, in plaats van als verliezer.

KOPPKINDEREN

Mijn moeder reageerde dus vaak haar frustratie, boosheid en gevoelens van machteloosheid onbewust op mij af, ik was haar zondebok. Ze was een KOPP kind, opgegroeid met een geesteszieke moeder. KOPP staat voor 'Kinderen van Ouders met Psychische Problemen', maar hier vallen ook kinderen onder van ouders met verslavingsproblematiek. Er is een speciale naam voor deze kinderen in het leven geroepen, omdat ze vaak als kind of later als volwassene zelf (psychische) problemen ontwikkelen, al hoeft dat natuurlijk niet te gebeuren. Als de psychische problemen van de ouder(s) niet heel ernstig zijn en ze gewoon goed in staat waren voor zichzelf en hun kinderen te zorgen, hoeven hun kinderen er ook geen last van te krijgen. Toch is dit vaker niet zo dan wel. Het kan voor ouders met psychische problemen of verslavingsproblematiek heel lastig zijn om goed voor zichzelf en hun kinderen te zorgen, of om er goed met hun kinderen over te praten. Wat je vaak ziet is dat KOPP kinderen zich erg verantwoordelijk kunnen gaan voelen voor hun ouders en de neiging hebben hun taken over te nemen en zichzelf weg te cijferen, zoals bijvoorbeeld bij sommige van de 7 types die hierboven zijn besproken. Ook vinden ze het vaak moeilijk om vriendjes en vriendinnetjes mee naar huis te nemen omdat ze zich schamen. Mijn moeder als dochter van een psychisch zieke moeder vertelde me dat ze zich schaamde om vriendinnetjes mee naar huis mee te nemen omdat mijn oma dingen kon zeggen als 'de duivel is in huis!' Zij zette dan wanneer het ernstig vroor alle ramen wijd open om de duivel eruit te laten.

Dit soort dingen houdt de ontwikkeling van kinderen tegen. Vaak zie je dan dat zij als kind of op latere leeftijd zelf ook problemen krijgen, wat ze weer door kunnen geven aan hun kinderen. Zonder hulp, worden deze problemen dus van generatie op generatie doorgegeven. Het is daarom heel belangrijk dat KOPP kinderen en hun ouders hulp en ondersteuning krijgen[4].

Vaak hebben KOPP kinderen ook moeite met het aangaan van gezonde liefdesrelaties. Dat komt omdat je in je jeugd dan vaak te weinig zorg en aandacht hebt gekregen van je ouders, je je onveilig hebt gevoeld en minder zelfvertrouwen hebt kunnen opbouwen. KOPP kinderen zijn daardoor vaak onveilig gehecht. Zo heb je als KOPP kind vaak bepaalde gedragspatronen ontwikkeld om te kunnen overleven die je in je volwassen leven juist tegen gaan werken. Je kan bijvoorbeeld een allemansvriend zijn geworden om de harmonie te bewaren en je veilig te kunnen voelen, maar eenmaal volwassen zorgt dit ervoor dat je alleen maar oppervlakkige contacten kan leggen. Je voelt je te onveilig om diepere intimiteit aan te gaan. Je gevoel van on-

---

4) https://www.psychosenet.nl/naasten/kopp-kinderen/

veiligheid kan er ook voor zorgen dat je nog steeds je gevoelens niet aan anderen durft te laten zien. Vaak word je als KOPP kind nooit helemaal emotioneel volwassen. Als je als KOPP kind je er niet bewust van bent dat er nog steeds een klein bang kind diep van binnen in je leeft dat zich niet veilig voelt, zal je steeds die oude pijn van voorwaardelijke liefde die je in je jeugd gekregen hebt naspelen. Je zal steeds de neiging hebben te willen weten wiens fout het is dat je je zo voelt en hier veel tijd aan besteden. Je kan je er enorm kwaad over maken en defensief worden, iets wat al je energie opslokt en je plezier in andere dingen wegneemt. Ook val je vaak op partners die onveilig zijn, omdat je niet weet dat het onveilig is. Onveiligheid voelt als het ware als veiligheid. Omdat je gewend bent dat je ouders je manipuleerde of er emotioneel niet voor je waren, vind je het normaal als dat bij je partner ook gebeurt. Maar als het je lukt om bewust te worden van het bange kind dat in je leeft, kan je het helpen alsnog op te groeien en volwassen te worden, in plaats van de ander verwijten te maken[5].

BINDINGSANGST, VERLATINGSANGST EN DE BIJBEHORENDE HECHTINGSSTIJLEN

Om terug te komen op de hechtingsstijlen waar deze patronen uit voortkomen en de verbinding te leggen met liefdesrelaties, wil ik het wat dieper ingaan op de begrippen bindingsangst en verlatingsangst. Dit zijn begrippen die de meeste mensen veel beter kennen dan de onveilige hechtingsstijlen. Partners bestempelen elkaar graag met een van deze labels (vaak zonder hierbij naar zichzelf en hun eigen patronen te kijken). Je kunt

5) https://www.kopp-kind.nl/informatie-2/gevolgen-van-kopp-kind-zijn/relatieproblemen/

het zo zien, eigenlijk vloeien verlatingsangst en bindingsangst voort uit een van de drie onveilige hechtingsstijlen, met het subtiele verschil dat het net een stapje later plaatsvindt. Het is jouw reactie op de manier waarop je gehecht bent, de houding die je hebt aangenomen om te overleven in de onveilige situatie die je ervaarde als kind en het vormt jouw blauwdruk voor de relaties die je in je latere leeftijd aangaat.

Bindingsangst komt voort uit een angstig vermijdende hechting met je ouders. Wanneer je last hebt van bindingsangst, dan ervaar je angst om je te verbinden op een diepe, emotionele en intieme manier met een andere persoon. Je gaat intimiteit uit de weg zodra iemand te dichtbij komt. Je kunt dan gevoelens van onrust of beklemming ervaren en het gevoel geclaimd te worden, maar het kunnen ook gevoelens zijn als verlegenheid of irritatie. Je hebt jezelf aangeleerd om pijn te vermijden door jezelf terug te trekken en niet te veel van de ander te verwachten. Je gaat geen of nauwelijks echte intieme relaties aan. Als je wel een poging doet, houd je de ander het liefst op afstand. Je kiest voor relaties waarin nauwelijks sprake is van een emotionele band of waarin de ander afhankelijk is van jou en jij boven de ander kan staan. Hierdoor heb je geen gelijkwaardige relatie waarin je werkelijke intimiteit en emotionele verbinding kunt ervaren.

Verlatingsangst komt voort uit een ambivalente hechting of angstig gepreoccupeerde hechting. Heb je last van verlatingsangst, dan heb je jezelf als strategie aangeleerd je best te doen voor je relatie. Je past je aan, pleast en cijfert eventueel eigen behoeftes en gevoelens weg. Wanneer iemand bij je weg gaat dan is de angst zo groot dat je er alles aan doet om de verlating te voorkomen. Je wordt dan geconfronteerd met zowel de verlatingsgevoelens uit het heden, maar ook uit het verleden. Dit maakt de pijn onverdraagbaar. Wanneer je last hebt van deze hechtingsstijl kun je niet accepteren dat je geen aandacht krijgt of genegeerd wordt. Je kunt dan zogenaamd protestgedrag inzetten om alsnog te krijgen wat je denkt nodig te hebben. Je vernedert jezelf en zet de ander op een voetstuk, bijvoorbeeld door te smeken, te stalken of op een andere manier aandacht te trekken.

Je kan ook primair last hebben van zowel bindingsangst als verlatingsangst, dat komt voort uit een gedesorganiseerde hechting. De ene keer doe je je best en een andere keer vermijd je contact door jezelf terug te trekken.

DE EMOTIONELE CYCLUS VAN DE VERLATINGSANGSTIGE EN DE BINDINGSANGSTIGE

Aan de emotionele cyclus van de verlatingsangstige en de bindingsangstige liggen dezelfde angsten ten grondslag. De diepgewortelde angst om verlaten te worden en de diepgewortelde angst om je te binden aan een ander persoon: verlatingsangst en bindingsangst. Verlatingsangstigen en bindingangstigen die in de kern beide emotioneel onbeschikbaar zijn. Samen vorm je een relatieverslaafde relatie. Binnen deze relaties wordt een dans gedanst van aantrekken en afstoten, van verstrengelen en vermijden. De relatieverslaafde is degene die in de relatie op zoek is naar complete verstrengeling, commitment en verbinding. Zijn of haar verlangen is om compleet samen te gaan (ongezonde symbiose). De emotioneel onbeschikbare partner is degene die verstrengeling, commitment en verbinding juist uit de weg gaat en iedere vorm van emotionele intimiteit wordt bewust en onbewust vermeden. Meestal herken je jezelf in één van de rollen, maar soms wissel je de rollen ook af. Bijvoorbeeld wanneer je uit een relatie komt waarin jouw verlatingsangstige patronen dominant aanwezig waren, kan het zijn dat je in een relatie die daarop volgt verbinding en intimiteit juist bewust uit de weggaat en dus bindingsangstige patronen ontwikkelt. In verschillende relaties en in verschillende periodes in je leven kun je de verschillende rollen uitleven.

Iets wat niet veel mensen weten is dat beiden lijden aan dezelfde onderliggende angsten, alleen de mate waarin deze aan de oppervlakte zichtbaar zijn, verschillen van elkaar. Beide rollen hebben bijvoorbeeld dezelfde onderliggende angst voor verlating. Alleen is deze angst bij de verlatingsangstige primair en ligt dus dicht aan de oppervlakte, terwijl deze angst voor verlating bij de bindingangstige secundair is en dus meer verborgen. Beide rollen hebben daarnaast ook een onderliggende angst voor intimiteit. Alleen is de angst voor intimiteit bij de bindingsangstige juist primair en bij de verlatingsangstige juist secundair en dus meer verborgen. Relatieverslaafden kunnen zich vaak niet voorstellen dat ze in de kern eigenlijk bang zijn voor intimiteit. Dit is dan ook de reden dat veel vrouwen die bij mij in de praktijk komen zich niet bewust zijn van hun onderliggende bindingsangst. Ze willen zo graag een liefdevolle relatie en zijn zo open en bereid om alles te doen om de relatie te laten slagen, dat ze zich niet kunnen voorstellen dat er ook een onderliggende bindingsangst aan ten grondslag ligt.

Laten we eens kijken naar de kenmerken van de verschillende rollen. In het contact met de bindingsangstige verlies je jezelf. Er wordt niet aan jouw behoeften en wensen voldaan en er is sprake van onrust, verdriet en obsessie. De emotionele cyclus van de verlatingsansgtige in relatie met een bindingsangstige, kun je opdelen in de volgende 10 fasen:

- **Fase 1:** Je wordt aangetrokken door de kracht en de vleierij van de bindingsangstige: het charisma, de intelligentie, de dominantie, de zelfstandigheid. Het kan van alles zijn, maar vaak zijn het eigenschappen die je in het karakter van een van je ouders terugziet.

- **Fase 2:** De relatiefantasie die je hebt ontwikkeld in je jeugd, ter compensatie van een gebrek aan aandacht, liefde en erkenning wordt getriggerd. Je voelt hierdoor een soort high door het contact met jouw ideaalbeeld van de prins op het witte paard dat in je naar bovenkomt.

- **Fase 3:** Je ervaart verlichting van pijn, eenzaamheid, verdriet en het gemis van een partner (high, verdoofd) je voelt je als het ware compleet en helemaal gelukkig.

- **Fase 4:** Tot het moment dat je meer behoeftes en wensen kenbaar gaat maken en merkt dat deze behoeften en wensen niet bevredigd worden. Toch ontken je dit. Je partner, in dit geval de bindingsangstige, gaat op op het moment dat jij je behoeftes kenbaar maakt juist steeds meer afstand nemen. Misschien fysiek, misschien emotioneel, misschien op allerlei andere gebieden en vaak door middel van een verslaving. Hij gaat bijvoorbeeld veel drinken of drugs gebruiken, gaat vreemd of misschien lijdt hij aan een seksverslaving of een werkverslaving. Afstand nemen kan op allerlei manieren plaatsvinden, maar welke het ook is, ze worden ingezet om emotioneel afstand te nemen van de relatie. De relatieverslaafde wil dit onbewust niet zien en dit is ook het moment dat ontkenning intreedt om de pijn van verlating, de afwijzing of van het niet slagen van de relatie op afstand te houden. Als relatieverslaafde doe je er alles aan om maar niet te voelen dat het niet werkt, maar wat je daarmee eigenlijk niet wil voelen is de verlatingspijn uit je jeugd, de gevoelens van afwijzing, het gebrek aan liefde, aandacht en erkenning.

- **Fase 5:** Je wordt je ervan bewust dat je behoeften niet bevredigd worden en je ontkenning verminderd. In deze fase vindt een ommekeer plaats waarin je toch ziet wat er aan de hand is, je kan er eigenlijk niet meer om heen. Er is te veel verdriet, je voelt je ongelukkig en je kan niet meer aan jezelf verkopen dat je wensen en behoeftes niet vervuld worden.

- **Fase 6:** Je begint onthouding te ervaren met alle gevoelens die daarbij horen (eenzaamheid, leegte, verdriet). In deze fase ga je echt contact maken met de pijn uit je jeugd en uit het heden, die gaan zich met elkaar vermengen en dat maakt ook dat het een verpletterend gevoel is. Het kan voelen als een kater en zo extreem zijn dat je het leven niet meer aankan. Dat is het moment waarin je of terugschiet naar fase 4 (de ontkenning) of dat je naar fase 7 gaat (obsessie).

- **Fase 7:** Je ontwikkelt een obsessie over hoe je hem of haar terug kunt krijgen of het hem betaald kan zetten. Obsessie verbreekt het contact met je gevoelens zodat je de pijn van je onthouding even niet meer voelt. Wanneer de angst voor verlating of de angst om alleen te zijn of in de steek gelaten te worden de overhand neemt, dan zal je er alles aan doen om je partner weer terug te krijgen. Wanneer de pijn of de boosheid of het verdriet overheerst, dan zal je meestal jezelf gaan verdoven, door middel van seks, drank, drugs, hard werken, noem het maar op.
- **Fase 8:** Je zet je obsessieve gedachten om in dwangmatige daden. Je gaat hem of stalken (dit hoeft niet perse te betekenen dat je met een verrekijker voor zijn huis staat, tegenwoordig kan je heel goed 'stalken' via Facebook of Instagram). Of je gaat extreem ruzie maken of op wat voor manier dan ook je gedachten omzetten in daden.
- **Fase 9:** In deze fase kom je of weer terug samen met je partner, de bindingsangstige, en loop je alle stappen en fasen weer opnieuw door. Mocht je niet terugkomen bij je partner, dan loop je een grote kans dat je een andere partner zal aantrekken met wie je opnieuw deze stappen zal doorlopen.
- **Fase 10:** Je herhaalt de cyclus vanaf fase 1 opnieuw met je partner of met een nieuwe partner.

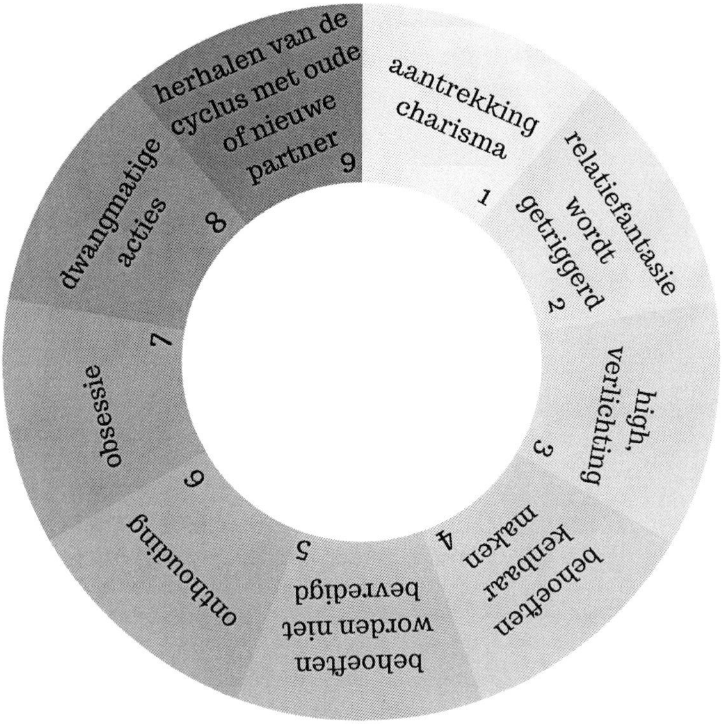

Als je hier de emotionele cyclus van de bindingsangstige tegenover plaatst dan doorloopt die 6 fases in plaats van 10, die als volgt gaan:

- **Fase 1:** Je wordt aangetrokken door de behoeftigheid en de kwetsbaarheid van de verlatingsangstige
- **Fase 2:** Je maakt contact door middel van verleiding en charmes.
- **Fase 3:** Je voelt je net als de verlatingsangstige high of verdoofd, je voelt je compleet en gelukkig, want eindelijk krijg je de aandacht, erkenning en bevestiging die je zo lang gezocht hebt.

- **Fase 4:** Je krijgt het gevoel te worden gecontroleerd. Je voelt je beklemd of in beslag genomen door de verlatingsangstige. Dit zijn vaak gevoelens die je herkent vanuit je jeugd, dezelfde gevoelens die je hebt ervaren bij je vader of je moeder en om het contact te vermijden met deze gevoelens ga je afstand nemen van je relatie.
- **Fase 5:** Je neemt afstand door je terug te trekken, of door middel van een verslaving om je angst van de beklemming te verdoven (seks, gokken, alcohol, drugs)
- **Fase 6:** Je herhaalt de cyclus met je partner uit angst voor verlating of uit schuldgevoel, of je vindt een nieuwe partner om de cyclus mee te herhalen.

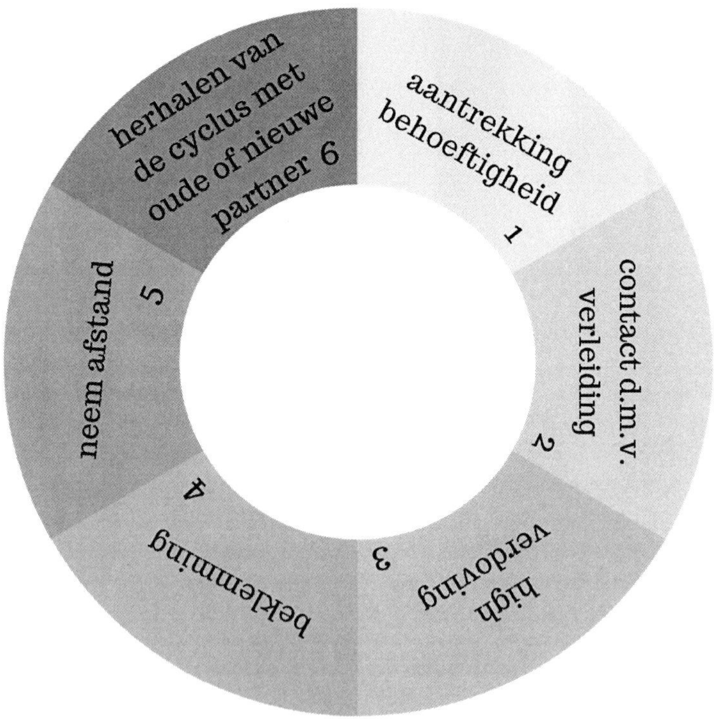

Hoewel ze zich beiden dus in eerste instantie compleet en gelukkig voelen, zien zowel de bindingsangstige als de verlatingsangstige elkaar niet voor wie ze daadwerkelijk zijn. Beiden schuiven bij elkaar een maskerachtig beeld over elkaar heen. Dat betekent dat ze in het begin alleen de positieve aspecten bij elkaar zien, wat meestal de eerste drie maanden duurt, en daarna de negatieve aspecten omdat hun pijn geactiveerd wordt. Zo worden ze van prins of prinses op het witte paard, uiteindelijk slachtoffer en dader.

Door je bewust te worden van je bindingsangst of verlatingsangst, kun je deze loslaten wanneer je er aan toe bent en je je veilig genoeg voelt. Dan kun je langzaam maar zeker open gaan staan voor relaties met meer verbinding en werkelijke intimiteit. De eerste stap is altijd bewustwording, dat is een goede eerste stap om een onveilige hechting te doorbreken. Als je een gezonde, gelukkige relatie wil, is het belangrijk dat je loskomt van een verslavende relatie en dat je een gezonde relatie met jezelf gaat opbouwen, dat je je hechting gaat herstellen en gezonde partners gaat aantrekken. Het allerbelangrijkste is dat je in de eerste plaats een liefdevolle relatie met jezelf gaat opbouwen en ontwikkelen, door te leren jezelf op nummer één te plaatsen, je uit te spreken, je grenzen aan te geven, jezelf alles te geven wat je zoekt in een ander maar ook door je hechtingsstijl te helen waardoor je automatisch ook gezonde relaties kunt gaan aantrekken. Daardoor kun je echt gelukkig worden in de liefde en dat is uiteindelijk toch wat we allemaal willen, want wat is er fijner dan een leven te leven vol liefde waarin je liefde kunt geven en ontvangen.

OPDRACHT 3

Ben jij geparentificeerd? Zo ja, welke rol(len) heb jij je als kind aangenomen?

....

....

....

....

....

OPDRACHT 4

In welke hechtingstijl herken jij jezelf het meest? Welk gedrag hoort hierbij? Maak het zo specifiek mogelijk.

....

....

....

....

....

Om je onveilige hechtingstijl te doorbreken is het onder andere van belang om te onderzoeken welke oude wonden hieraan ten grondslag liggen. Hier kun je achter komen door de methode 5 stappen van leed naar liefde verder op in het boek te doen. Hiermee ga je aan de slag in hoofdstuk 4 en 5.

4.

VERSLAAFD AAN ONZE OVERLEVINGSSTRATEGIEËN

"Do the best you can until you know better. Then when you know better, do better."

Onderzoeken welke verslavende relatiepatronen in ons leven terugkomen en op welke manier we gehecht zijn kan overweldigend zijn, maar ook heel bevrijdend! Je hebt nu namelijk een tipje van de sluier opgelicht in je zoektocht naar het antwoord op de vraag waarom je steeds weer in dezelfde soort relaties belandt. Misschien voel je wel hoop en vertrouwen, want door in kaart te brengen hoe iets werkt, zie je vaak ook waarmee je aan de slag kan gaan om het te veranderen.

Je hebt nu een vertrekpunt en een (voorlopige) eindbestemming: je hechtingsstijl, en je verslavende relatiepatroon. Laten we nu de route die leidt vanaf dat vertrekpunt naar onze eindbestemming eens wat beter bekijken. Als je in je jeugd onveilig gehecht bent of emotioneel onbeschikbare ouders had, dan heb je in reactie hierop een strategie ingezet om te overleven.

Je kon immers niet weglopen uit de situatie, maar moest een manier vinden om ermee om te gaan. En die heb je gevonden! Dit is je overlevingsstrategie geweest. Het inzetten van een overlevingsstrategie gaat vaak onbewust en we nemen hem mee ons volwassen leven in waar ze zich manifesteren in onze liefdesrelaties.

Elke strategie komt oorspronkelijk vanuit een positieve intentie en heeft het beste met jou voor: je beschermen tegen pijn, verdriet en afwijzing. Eigenlijk zorgt hij ervoor dat je het contact met je gevoelsbeleving verliest. Eenmaal volwassen heb je deze strategie echter niet meer nodig, maar blijf je die toch vasthouden. Begrijpelijk, want je weet niet beter! Bovendien trek je partners aan met wie je je hechtingspatroon kan herhalen, waardoor je je overlevingsstrategie ook kan blijven inzetten. Om nog een stap verder te komen in het begrijpen van onszelf en de route uit te stippelen van onze hechting tot onze relaties, zal ik in dit hoofdstuk de veelvoorkomende overlevingsstrategieën bespreken en blootleggen waar ze ons tegen beschermen. Ook hier geldt weer, als we begrijpen wat onze strategieën zijn die leiden tot onze verslavende relatiepatronen, dan kunnen we dit gedrag leren herkennen en loslaten. We weten dan wat we moeten loslaten om een nieuwe route uit te stippelen, een die ons leidt naar gezonde, gelukkige relaties.

VEELVOORKOMENDE OVERLEVINGSSTRATEGIEËN

We hebben het al even gehad over de dubbelrol van codependentie die zowel een tak van de boom vormt als de wortels. Codependentie als uitingsvorm van een trance waarin je andermans behoeften belangrijker maakt dan die van jezelf (dan ben je als het ware verslaafd aan de goedkeuring van anderen) en codependentie als onderlaag van andere verslavingen. Codependentie is dus primair gezien een overlevingsstrategie en secundair gezien een verslaving. Een verslaving aan liefde, aandacht, bevestiging en erkenning.

En eigenlijk zijn alle verslavingen overlevingsstrategieën; manieren om te kunnen omgaan met het leven zoals het is. Om te kunnen omgaan met de pijn, de afwijzing, het onbegrip of de machteloosheid waarin je verkeerde. Al die gevoelens die voor jou als kind te pijnlijk waren om te voelen maar ook de gevoelens in het hier en nu. Ik zal later in dit hoofdstuk uitgebreider terugkomen op het innerlijke kind. Toch geef ik je alvast een lijstje met typische innerlijke kind gevoelens zodat je een beeld krijgt van de pijn die we liever niet voelen:

- Angst
- Eenzaamheid
- Verdriet
- Woede
- Afhankelijkheid
- Je niet gezien of gehoord voelen
- Je niet belangrijk voelen
- Je niet goed genoeg voelen
- Waardeloosheid
- Machteloosheid
- Hulpeloosheid
- Leegte

Ik denk dat we ons hier allemaal in kunnen herkennen. Innerlijke kindgevoelens zijn echt de primaire basisgevoelens en overtuigingen die ten grondslag liggen aan andere angsten en gevoelens uit het hier en nu. Het inzetten van een strategie om niet te voelen is dan ook heel menselijk. Iedereen heeft overlevingsstrategieën, niet alleen degenen die lijden aan relatieverslaving, liefdesverslaving of codependentie. Alleen zijn deze strategieën bij mensen met relatieverslaving en codependentie vaak dermate aanwezig en uiten ze zich op een dergelijk specifieke manier dat die vaak een probleem gaan vormen in liefdesrelaties. Er zijn oneindig veel overlevingsstrategieën, maar veel voorkomende zijn:

- Pleasen
- Hard werken
- Een masker opzetten
- Manipuleren
- Obsessie
- Aan verwachtingen voldoen
- Je verantwoordelijk voelen voor anderen
- Anderen op een voetstuk plaatsen
- Jezelf een romantisch plaatje voorhouden
- Valse hoop koesteren (als…dan….) en dat als je maar een relatie hebt, als je dunner bent, als je die baan hebt, je dan wel gelukkig zal zijn; of als je maar je best doet in je relatie, die wel zal verbeteren.

Hard werken en valse hoop koesteren, zoals dat de relatie wel zal verbeteren als jij maar aan jezelf werkt of als hij maar aan zichzelf werkt, zijn typisch overlevingsstrategieën die in verslavende relaties een rol spelen. Alle bovenstaande overle-

vingsstrategieën zijn te herleiden naar vijf afweermechanismen die Ingeborg Bosch, grondlegster van de therapievorm Past Reality Integration, onderscheidt. Vanuit deze vijf vloeien weer allemaal specifiekere uitingsvormen voort. Ze noemt dit 'afweermechanismen' omdat ze als het ware een muur vormen tussen twee delen van ons bewustzijn: ons volwassen bewustzijn; waarin we kunnen voelen dat we krachtig, autonoom en onafhankelijk zijn, dat we een keuze hebben in hoe we reageren op situaties en dat we zelf in onze basisbehoeftes kunnen voorzien; en ons kindbewustzijn waar onze pijnlijke kindgevoelens zitten, waarin we het gevoel hebben geen keuze te hebben in hoe we reageren, waarin het lijkt alsof er geen tijd bestaat en we ons voor altijd zo zullen voelen. Als onze pijnlijke machteloze kindgevoelens door iemand of een situatie worden aangeraakt, dan worden we overgenomen door de heftigheid van de emotie. Je herkent je kindbewustzijn dan ook vaak aan hoe heftig en intens en hoe heftig we reageren op misschien niet eens zo'n groot voorval. Om dit niet te voelen, zetten we snel onze overlevingsstrategie in die we als kind zo hard nodig hadden, of wat Ingeborgh Bosch 'onze afweersystemen' noemt. Deze vijf afweermechanismen zijn: angst, primaire afweer, valse hoop, vals macht en ontkenning van je behoeften.

1. **Angst** is de meest diepe laag van afweer. Als kind had je via je angst de illusie dat je kon vluchten uit de situatie waarin je niet kreeg wat je nodig had om te overleven. Als je als volwassene bang of zenuwachtig bent terwijl er geen direct gevaar is, laat dat zien dat er een innerlijk kindgevoel

is aangeraakt maar ook een afweermechanisme is geactiveerd. Deze angst kan zich uiten als een fobie, spreekangst, bang zijn om ziek te worden, niet naar feestjes durven, of bang zijn dat je gezin wat overkomt. Als er geen direct gevaar is, weet je dat de angst die je voelt eigenlijk een illusie is, een afweermechanisme oftewel een overlevingsstrategie. Ergens in je jeugd heeft een volwassene iets gezegd of gedaan waardoor je bang werd en heb je je afgewezen of alleen gevoeld. Als kind kan dit wel degelijk als gevaar voelen omdat je van volwassenen afhankelijk was, deze angsten heb je onderdrukt maar wel meegnomen naar je volwassen leven. Je hebt ze opgestapeld in je onderbewustzijn en uiteindelijk zijn ze zich zijn gaan manifesteren in andere angsten als bijvoorbeeld fobie en dwang.

2. **Primaire Afweer** speelt zich af op cognitief niveau. Als kind dacht je dat je niet kreeg wat je nodig had, omdat er iets mis was met jou. Het lag aan jou en niet aan je ouders, dacht je. Als volwassene herken je deze primaire afweer in het gevoel dat je als mens niet deugt. Vaak zijn het gedachten als 'ik kan het niet', 'ik doe het altijd verkeerd', 'ik ben niet leuk/lief/mooi/grappig genoeg' etc. Als er iets misgaat, je krijgt die baan niet die je zo graag wilde of je relatie gaat uit, dan denk je al snel 'zie je wel, ik heb niet genoeg ervaring voor die functie, ik kan het niet' of 'ik ben ook niet leuk genoeg, daarom maakt hij het uit.' Je voelt je snel schuldig of slecht en dit maakt je somber en gevoelig voor depressies. Je hebt gebrek aan vitale levensenergie en ervaart het leven hierdoor als een last. Deze strategie ontwikkel je omdat het makkelijker is om jezelf af te wijzen dan te moeten erkennen dat je van je ouders niet hebt gekregen wat je nodig had. Vanuit mijn werkwijze gezien is een ander woord

voor primaire afweer de innerlijke criticus, waar ik later op terugkom.

3. **Valse Hoop** betekent dat je als kind hoopte te krijgen wat je nodig had, door maar heel hard je best te doen. Als volwassene doe je precies hetzelfde om nu nog te krijgen wat je in je jeugd gemist hebt aan liefde, warmte en acceptatie. Vaak voel je daarbij haast, dat je nu eerst die persoon terug moet bellen, die e-mail moet schrijven of die werkklus af moet hebben, ook als dat eigenlijk helemaal niet zo urgent is. Je wil graag aan de verwachtingen van anderen voldoen en goed, lief of aardig gevonden worden. Deze verwachtingen hebben vaak niet eens zoveel te maken met de verwachtingen die deze mensen van jou hebben, maar vooral met de verwachtingen waarvan je denkt dat zij die van jou hebben. Eigenlijk zijn dit dus vaak je eigen verwachtingen. Valse hoop kan voor allerlei lichamelijke stressklachten zorgen als slapeloosheid, nek- en schouderpijn en als je niet uitkijkt een burn-out. Bijna alle codependent strategieën vinden hun oorsprong in valse hoop. Iedere keer dat de gedachte 'als.....dan....' opkomt, kun je ervan uitgaan dat je vastzit in de verstrikking van de valse hoop. Voorbeelden van valse hoop bij relatieverslaving en codependentie zijn:

    - Controlegedrag
    - Pleasegedrag
    - Je best doen
    - Verantwoordelijkheden overnemen
    - Romantische plaatje vasthouden
    - Hard werken

4. **Via Valse Macht** legde je als kind de schuld bij je ouders; het was hun schuld dat je niet kreeg wat je nodig had! Als

volwassene vind je dat anderen niet deugen en denk je snel dat ze tegen je zijn. Jij bent slechts het slachtoffer van de ander met wie iets overduidelijk mis is. Als valse macht actief is dan zijn we boos, geïrriteerd, veroordelend en of jaloers. De gevolgen? Irritatie, woede, stress, agressie en superioriteitsgevoelens, maar ook veel conflicten met mensen en eventuele lichamelijke klachten als migraine of een hoge bloeddruk. Je hebt zelf niet door dat je wordt geraakt in een stuk oude pijn waar afwijzing aan ten grondslag ligt.

5. **Ontkenning van je behoeften** betekent dat je jezelf als kind ervan hebt overtuigd dat je niets nodig hebt. Je was stil en teruggetrokken, onzichtbaar eigenlijk. Als volwassene ben je een kei in het relativeren, wegredeneren en verdoven van je eigen behoeften. In situaties waar anderen wel veel voelen, voel je dan bijna niets. Je hoofd en lichaam staan als het ware niet meer met elkaar in verbinding. Vaak voel je ook letterlijk minder van hitte, kou of fysieke pijn, wat gevaarlijke situatie kan opleveren als er wel degelijk iets lichamelijks mis is. Het kan zich ook uiten in dat je dingen uitstelt of dat je geen verantwoordelijkheid neemt. In tegenstelling tot valse hoop voelt niks echt urgent en daarom heb je er geen moeite mee om belangrijke dingen zoals het bijhouden van je administratie uit te stellen, of je te houden aan een belofte of die zelfs helemaal te vergeten. Ontkenning van behoefte kun je op allerlei manieren uiten, zoals veel te veel tv te kijken, te veel werken, te veel roken en te veel te drinken of eten. Verslavingen en eetstoornissen zijn duidelijke uitingen hiervan. Het is een moeilijke afweer om te herkennen omdat er minder drama is dan bij de andere afweermechanismen. Je maakt je immers niet zo druk, voelt niet zoveel, dus wat is het probleem? Maar on-

dertussen glijd je leven als een film aan je voorbij waar je niet echt deel van uitmaakt en is er geen sprake van echte intimiteit. Tegen de tijd dat je hierachter komt, is het grootste deel van je leven vaak al voorbij.

Samen vormen de vijf bovengenoemde afweermechanismen een muur van afweer die bijna ondoordringbaar is. En ook al vertoont deze primaire laag van afweer een duidelijk herkenbare kern, het gedrag dat eruit voortvloeit in je volwassen leven kan een stuk specifieker zijn en per persoon verschillen. Waar je gedrag als kind in een afweermechanisme nog dicht bij die kern lag - je voelde bijvoorbeeld angst en plaste misschien 's nachts in bed of je gaf anderen de schuld en voelde boosheid dat je misschien afreageerde op vriendjes - heb je in je volwassen leven veel meer overlevingsstrategieën tot je beschikking om je kindpijn niet te voelen. Als kind heb je gelukkig (meestal) niet de optie om te drinken, roken, drugs te gebruiken of net zo lang tv te kijken als je maar wilt. Als volwassene kan dit allemaal wel. Welk gedrag of welke verslaving je hebt gekozen om jezelf te verdoven is persoonlijk en hangt niet alleen af van je karakter maar ook van erfelijke en omgevingsfactoren. Ik zie de afweermechanismen van Ingeborg Bosch dus als onze eerste (kind)reacties op oude kindpijn en de takken van de verslavingen in ons volwassen leven als specifiekere, laten we zeggen secundaire overlevingsstrategieën.

TRAUMA

Voor ik verder inga op de overlevingsstrategieën, wil ik nog aandacht besteden aan trauma, omdat geraakt worden in een trauma specifieke en heftige reacties kan oproepen. Wanneer je als kind een traumatische gebeurtenis hebt ervaren, zoals misbruik, mishandeling of pesten, of wanneer je op een andere manier emotionele onbeschikbaarheid hebt ervaren waardoor er niet in je behoeftes werd voorzien, voelde je in eerste instantie de volledige heftigheid van die emoties. Als deze te intens waren voor jou als kind heeft het bewustzijn zich opgesplitst en nam je overlevingsstand het over.

Met misbruik of mishandeling bedoel ik alles wat niet voedend is geweest in het groeiproces van 0 tot 18 jaar. We kunnen de verschillende vormen van misbruik onderverdelen in de volgende gebieden.

- Lichamelijk misbruik
- Mentaal/emotioneel misbruik
- Seksueel misbruik
- Intellectueel misbruik
- Spiritueel misbruik

Bij lichamelijk en seksueel misbruik kunnen de meeste van ons zich wel iets indenken, maar wellicht dat mentaal/emotioneel, intellectueel en spiritueel misbruik meer vragen oproept. Mentaal/emotioneel misbruik is bijvoorbeeld een kind vernederen, belachelijk maken of bedreigen, een kind te veel pushen, compleet negeren of nooit iets aardigs zeggen. Het betekent dat een ouder speelt of omgaat met een kind zijn emoties op een destructieve manier. Intellectueel misbruik betekent dat een ouder de ideeën, interesses of meningen van een kind belachelijk maakt of naar beneden haalt. Een kind dom of langzaam noemen zijn ook voorbeelden van intellectueel misbruik. Spiritueel misbruik wil zeggen dat een ouder religie gebruikt om een kind psychisch of lichamelijk schade te berokkenen. Ook misbruik maken van een autoritaire positie binnen een religieuze institutie valt hieronder.

Al deze vormen van misbruik kunnen een trauma opleveren. Een trauma is een onverwerkte (heftige) gebeurtenis die je zag of meemaakte in het verleden. Deze gebeurtenis, die recent of lang geleden plaatsvond, kan bijvoorbeeld betrekking hebben op een overval, een ongeluk, mishandeling, een scheiding, ontslag of het overlijden van een dierbare. Ook het getuige zijn van een nare gebeurtenis kan een trauma veroorzaken. Feitelijk spreken we van een trauma als een gebeurtenis, ongeacht welke, een ingrijpende invloed op je leven heeft.

Er zijn twee verschillende soorten trauma's. Bij het eerste trauma is er één keer iets gebeurd, bijvoorbeeld het overlijden van een ouder, een ongeluk of seksueel misbruik. Bij het tweede trauma gebeurt iets steeds opnieuw. Bijvoorbeeld extreme verwaarlozing, herhaald seksueel misbruik of terugkerend geweld in huis. Een trauma uit zich meestal in flashbacks, nachtmerries en angstgevoelens. Je bent moe, prikkelbaar en hebt concentratieproblemen. Het kan zijn dat je (eenmaal volwassen) verdovende middelen gebruikt om je angst te verminderen en te ontspannen.Ook vanuit je lichaam kun je signalen krijgen. Het cortisolniveau (het stresshormoon) in je lichaam is verhoogd, waardoor je voortdurend in opperste staat van paraatheid verkeert. Dit gaat gepaard met een verhoogde bloeddruk, hartslag en ademfrequentie.

Wanneer een trauma zich openbaart verschilt per persoon. Dit kan kort na de gebeurtenis zijn, maar ook pas jaren later als je dacht alles verwerkt te hebben. Een trauma kan ieder moment in alle hevigheid losbarsten of juist sudderend met je meegedragen worden waardoor je misschien niet weet dat een onderliggend trauma de oorzaak is van je problemen. Er zijn kenmerken waaraan je een trauma kan herkennen:

- Vernauwd bewustzijn
- Verwarring
- Geen overzicht
- Geen controle
- Rigide overtuigingen
- Lichaamssignalen van stress zoals hartkloppingen, angst zweet breekt uit, klamme handen, keel die dicht zit, zitademhaling stokt of verhoogd

Wanneer we door een externe of een interne trigger geraakt worden in een trauma reageren we vaak op een buitensporige manier. Dit zijn je innerlijk kind reacties. Als er een trauma wordt aangeraakt, reageren we vanuit onze eerste overlevingsinstinct en op manieren die we kunnen onderscheiden in drie categorieën:

1. Vluchten

Bijvoorbeeld afleiding zoeken, rationaliseren, ontkennen, bagatelliseren, verslavingen, psychische en lichamelijke ziekten, wegdromen, vermijden, gevoelens negeren.

2. Vechten

Bijvoorbeeld manipuleren, je best doen, pleasen, verantwoordelijkheden overnemen, uitleggen, verdedigen, ruzie maken, agressie uiten, oordelen, hard werken, presteren, aan verwachtingen voldoen, masker opzetten, perfect zijn, controle, valse hoop, valse macht, een romantische plaatje vasthouden, kritisch.

3. Bevriezen

Bijvoorbeeld blokkeren, niets meer weten uit te brengen, verstijven. Uitspraken die hierbij kunnen horen zijn:

- Er komt niets meer uit mijn handen
- Ik kan niets meer uitbrengen
- Ik sta aan de grond genageld

Je herkent in deze categorieën vast ook de overlevingsstrategieën. Onze overlevingsstrategieën noem ik ook wel ons 'psychische imuunsysteem'. Je eigenlijke emoties worden dan niet volledig ervaren en doorvoeld, maar onderdrukt en een overlevingsstrategie wordt ingezet. De gevoelens blijven echter wel in zowel je lichaam als in je brein achter totdat er opnieuw een interne of extern trigger zich aandient om die de gevoelens naar boven te brengen. Dit kan soms jaren duren waardoor je geen idee hebt waarom je ineens zo heftig op iets of iemand reageert!

Het kan een hele kluif zijn om te herkennen welke strategieën in jouw leven actief zijn! Toch is het belangrijk deze en het specifieke gedrag van jou dat daarbij hoort te observeren, omdat we dit uiteindelijk gaan gebruiken in een plan van onthouding om deze patronen te doorbreken. Het kan zijn dat je al een heel eind komt met simpelweg het lezen van dit boek over de verschillende vormen van verslavende relatiepatronen en waar ze vandaan komen. De herkenning van kenmerken en symptomen maken al dat je je gedrag in het hier en nu waarschijnlijk ook opeens gaat herkennen terwijl het plaatsvindt. Omdat ik weet hoe moeilijk het kan zijn om je eigen blinde vlekken te zien en je eigen gedachten, gevoelens, woorden en daden te observeren, heb ik het laatste hoofdstuk van dit boek gewijd aan het beschrijven van meerdere zelfhelende technieken die je een handje kunnen helpen bij het observeren van jezelf. Mocht het je niet lukken om dat beetje afstand van jezelf te nemen dat je nodig hebt om jezelf en je eigen gedrag te bekijken, kan je hier wellicht inspiratie uit putten of informatie vinden om je daarin verder op weg te helpen.

Mijn methode van heling en herstel verschilt van de methode die Ingeborg Bosch gebruikt om om te gaan met afweermechanismen of overlevingsstrategieën. Zij gebruikt PRI therapie om hiermee om te gaan, waarbij je je afweermechanismen als het ware omdraait en je juist de kant oploopt van je innerlijk kindpijn om die te doorvoelen. Daar stopt het. Ik gebruik hiervoor een plan van onthouding. Dit betekent dat je stopt met jouw specifieke strategie met als gevolg dat je geconfronteerd wordt met je oude kindpijn. Deze kun je dan net als bij PRI doorvoelen, maar dat niet alleen. Door middel van innerlijk kindwerk en delenwerk gaan we een stapje verder en bouwen we een liefdevolle relatie op met ons innerlijk kind vanuit ons volwassen bewustzijn. We geven onze strategieën minder macht en zorgen voor een liefdevolle samenwerking tussen alle delen met de volwassene aan het roer.

Ingeborg geeft in haar boek aan dat innerlijk kindwerk geen zin zou hebben en valse hoop creëert of versterkt. Dit zou niet kunnen omdat je dat wat in het verleden is gebeurd niet kunt repareren. Ik ben het met haar eens. Je kan je verleden niet veranderen. Maar de manier waarop ik innerlijk kindwerk en delenwerk gebruik is niet om je verleden te repareren, maar om met compassie en liefde vanuit je volwassen bewustzijn naar het kind te kijken dat je was. Zonder dat je probeert die situatie of hoe je toen reageerde te veranderen, maar wel door de pijn die je toen ervaarde te erkennen en jezelf in het hier en nu te geven wat je nodig hebt. Dat kan namelijk wel. Ik begon dit hoofdstuk met een citaat van Maya Angelou: 'Do the best you can until you know better. When you know better, you do better.' Dit betekent dat als je terugkijkt naar je verleden, of het nou je jeugd is, of de relaties die je meer recentelijk hebt gehad, dan hoef je niet boos te zijn op jezelf of spijt te hebben dat je niet eerder of anders erop gereageerd hebt. Je deed je best in dat moment met de kennis die je toen had. Je kan jezelf niet verwijten dat je niet meer wist op dat moment. Zeker als kind was je overgeleverd aan de situatie. Je was te klein om voor jezelf op te komen en jezelf te beschermen.

Pas als je volwassen ben, kun je kiezen om op een andere manier te reageren dan je als kind hebt gedaan. Hier is inzicht voor nodig. Als je beter weet, kan je het beter doen. Hier en nu. Als er zich weer een soortgelijke situatie voordoet, kan je wel anders reageren. Ik wens je toe dat je met compassie en liefde naar je innerlijk kind kijkt, hoe het zich toen voelde en hoe het toen heeft gereageerd op die situatie. Het doorvoelen van je kindpijn heeft ook te maken met het accepteren dat het is gegaan zoals het is gegaan. Je hebt je best gedaan en je bent als kind te allen tijde onschuldig. En ondanks dat je overlevingsstrategie je in je volwassen leven misschien narigheid heeft opgeleverd, in je jeugd was het je redding.

Ik zal je in het volgende hoofdstuk meer vertellen over het innerlijk kindwerk en het delenwerk, maar eerst zal ik wat meer vertellen over hoe verslaving werkt en wat ons te wachten staat als we ons van verslavend gedrag, zoals onze overlevingsstrategieën en verslavende relatiepatronen, gaan onthouden.

VERSLAVING ALS OVERLEVINGSSTRATEGIE

Het maken van een plan van onthouding komt eigenlijk uit de verslavingszorg. Je maakt ook gebruik van onthouding als je verslaafd bent aan alcohol of andere middelen. In mijn methode gebruik ik ook onthouding, maar dan voor je relatie, liefdesverslaving of codependent gedrag. In de 15 fasen van herstel die ik in hoofdstuk 6 beschrijf, vertel ik meer over het maken van zo'n plan. Ik zei al eerder: verslaving is eigenlijk de gemene deler van veel overlevingsstrategieën en dus ook van relatieverslaving, liefdesverslaving en codependentie. Laten we daarom nog even kijken naar wat verslaving is en hoe onthouding in zijn werk gaat.

WAT IS VERSLAVING?

Verslaving betekent dat je een middel gebruikt of gedrag vertoont als zelfmedicatie dat je eigenlijk diep van binnen niet wilt, maar je doet het toch. Je raakt ook hier in een soort trance waarin je jezelf niet meer in de hand hebt en toch weer dat drankje te veel neemt, dat lijntje snuift of die man appt waarvan we weten dat die niet goed voor ons is. Kort door de bocht gezegd, doen we dit omdat we liever vreugde en plezier willen voelen dan pijn en verdriet. We doen het dus om onszelf te beschermen voor de realiteit of te verdoven voor de pijn en ons in plaats daarvan gelukkig te voelen. En het liefst zorgt het middel of het gedrag voor beide tegelijk!

Je zou kunnen zeggen dat het bijna inherent aan het mens zijn is om weg te willen van onprettige gevoelens en prettige gevoelens te willen behouden. Chemische middelen kunnen ons helpen om ons (tijdelijk) lekker te voelen, plezier te maken, te verbinden met anderen en innerlijke rust te ervaren. Gedrag kan ons ook een adrenaline stoot geven waardoor we deze zelfde (tijdelijke) positieve gevoelens opwekken. Zowel middelen als gedrag kunnen dus dienen als zelfmedicatie. Adrenaline is voor de hersenen net zo verslavend als cocaïne waardoor bepaalde gedragingen dus dezelfde uitwerking hebben op onze hersenen. De meeste middelen die gebruikt worden voor zelfmedicatie zijn:

- Alcohol
- Drugs
- Eten
- Nicotine
- Medicijnen

De meest voorkomende gedragsverslavingen, ook wel 'procesverslavingen' genoemd, die voor zelfmedicatie gebruikt worden zijn:

- Relaties
- Seks
- Liefde
- Gokken
- Geld uitgeven
- Geld verdienen
- Overmatig werken
- Social media
- Risicovol gedrag
- Dwangmatig sporten
- Dwangmatig kopen
- Altijd druk zijn
- Agressief gedrag

Alle vormen van afhankelijkheid kun je zien als een destructieve manier van zelfmedicatie. Woorden als verslaving, afhankelijkheid, compulsiviteit en dwangmatigheid worden door elkaar heen gebruikt omdat ze allemaal staan voor diezelfde gevoelens van machteloosheid tegenover het middel of het gedrag. Het is dan ook eigenlijk niet het eten, de alcohol, de drugs, de relatie, het werk of de seks op zich dat een probleem is, maar de manier waarop we ermee omgaan. Het dwangmatige, compulsieve aspect van het middel of het gedrag om je stemming te reguleren is het daadwerkelijke probleem. Laten we nu gaan kijken hoe verslaving werkt met betrekking tot relatie, liefdesverslaving en codependentie.

DE FUNCTIE VAN VERSLAVING

Verslaving heeft als functie om de realiteit, het hier en nu, op afstand te houden. Om gevoelens van pijn en verdriet, maar ook intimiteit op afstand te houden. Verslaving doet dit door middel van obsessieve gedachten en dwangmatige handelingen. De relatieverslaafde is geobsedeerd door het verkrijgen van liefde, aandacht en erkenning en doet dit door heel veel intense gevoelens in de relatie te creëren. De behoefte aan verstrengeling, aan compleet samengaan, maar ook door middel van het creëren van veel drama en veel gevoelens. Een obsessie die zorgt voor het verbreken van het contact met je ware gevoel.

We weten nu dat de behoefte aan liefde, aandacht en erkenning voortkomen uit onvervulde behoeften uit je jeugd. In contact met de bindingsangstige wordt het kleine beetje liefde dat je krijgt heel belangrijk voor je, daar kan je geen afstand van doen. Dat is dan ook de reden waarom we genoegen nemen met alleen die aai over onze bol of de zak kruimels in plaats van het hele brood. Als je die kruimels verliest, zal je ook echt moeten voelen wat je diep vanbinnen voelt: het gemis. Pas als je je onthoudt van dat gedrag, dat vasthouden aan die relatie en dat kleine beetje liefde dat je krijgt, dan pas maak je contact met de onderliggende gevoelens. Dit is vaak een onbewust proces dat je niet in de gaten hebt. De bindingsangstige, je partner, doet het andersom. Die creëert ook obsessief en dwangmatig gedrag, maar die zoekt intensiteit niet binnen de relatie, maar buiten de relatie door middel van alcohol, drugs, vreemdgaan, gokken of seks. Wat het is, maakt eigenlijk niet uit, maar hij zoekt dit buiten de relatie. Hij doet dit om zijn oude pijn eronder te houden, om gevoelens van beklemming, geclaimd worden en verzwelging op afstand te houden. Verslaving aan de relatie en dus binnen de relatie of verslaving buiten de relatie zijn beide manieren om je gevoelens te reguleren en te onderdrukken, altijd!

WAAROM IS HET MOEILIJK OM MET EEN VERSLAVENDE RELATIE TE STOPPEN?

Het is makkelijk om te zeggen dat je moet stoppen met je verslaving of dat je je relatie uit moet maken. Dat heb je vast wel eens gehoord van je moeder, je vader, een vriend of vriendin, of misschien wel van een psycholoog. Vaak weet je zelf ook wel dat dit het beste voor je is, maar op een of andere manier lukt het je toch niet om te stoppen of om de relatie te verbreken. Hoe kan dit nou? Dit heeft een aantal redenen.

1. Ten eerste de **schijnbare voordelen** die de verslavende relatie geeft. De meeste voorkomende voordelen van relatieverslaving zijn: het niet voelen en het emotioneel high zijn, de roes en de roze wolk zijn heerlijke plekken om te

vluchten uit de realiteit. Dat helpt jou om te overleven en om niet de pijn aan te hoeven gaan.

2. Ten tweede **de spanning en de intense gevoelens** die het oplevert. Doordat er intense gevoelens en drama spelen in je relaties, kan je het gevoel krijgen dat je die spanning nodig hebt in je leven omdat het anders verschrikkelijk saai wordt. Terwijl dat veel meer overleven is dan echt leven. Door een bepaalde periode in je leven te leven op deze pieken en dalen zijn je lichaam en geest gewend geraakt aan de adrenaline rush waardoor je onbewust op zoek blijft gaan naar deze intensiteit.

3. Ten derde het gevoel van **verbondenheid** dat je ervaart. Ieder mens verlangt naar verbondenheid en zelfs relaties met veel drama creëren dit gevoel van verbondenheid. Ook de passionele seks, die vaak kenmerkend zijn in relatie- en liefdesverslavende relaties zorgt voor verbinding, maar dat is niet de verbinding van echte intimiteit. Binding is wat relatieverslaafden ervaren als verbinding, maar verbinding vraagt om een gezonde intimiteit en die is ver te zoeken in verslavende relaties.

Naast de voordelen heeft verslaving ook nadelen en die zijn ontzettend belangrijk om in kaart te brengen. Je bewust worden van de nadelen, de negatieve consequenties van de relatie, vormen het fundament van jouw herstel. Wanneer de nadelen zwaarder gaan wegen dan de voordelen kun je namelijk bereid worden om de relatie eventueel te verbreken of hulp te aanvaarden. Eigenlijk zijn er meestal veel nadelen te vinden, maar hoe komt het dan dat je toch steeds terug gaat of het je niet lukt om de keuze te maken de relatie te doorbreken? Blijkbaar wegen de voordelen zwaarder dan de nadelen. Dat heeft te maken met het kernsymptoom van alle verslavingen en dat is: ontkenning.

4. **Ontkenning** maakt dat jij meer contact maakt met de voordelen dan de nadelen. Dat verklaart waarom je na een heftige ruzie eerst denkt: 'Nu ga ik het uitmaken,' om vervolgens toch bij hem te blijven. Als er enige tijd overheen gaat verdwijnen de nadelen weer naar de achtergrond en maak je weer contact maakt met de voordelen. Die ontkenning zorgt ervoor dat hij 'no matter what' altijd weer voet aan de grond krijgt. Ontkenning kan je ook zien als jouw innerlijke saboteur. Hij is een vriend van je verslaving die niet wilt dat jij verandert. Je voelt weerstand naar verandering en blijft liever in je comfortzone in de situatie waaraan je gewend bent geraakt dan dat je gaat veranderen.

HET STOCKHOLMSYNDROOM EN TRAUMABINDING

Voor ik inga op onthouding van verslaving, wil ik het hier nog apart aandacht besteden aan verslavende relaties waarin mishandeling plaatsvindt en waarin sprake kan zijn van het Stockholmsyndroom of traumabinding tussen dader en slachtoffer. Wanneer je sympathie voelt voor diegene die je misbruikt spreken we van het Stockholmsyndroom. In de psychologie wordt dit ook wel 'traumabinding' genoemd. Daarmee wordt een krankzinnige loyaliteit bedoeld die veroorzaakt wordt door het verslavende aspect, de variabele manier van belonen en straffen in dit soort relaties. Het verklaart waarom mensen zich aangetrokken kunnen voelen tot partners die hun mishandeld hebben. Natascha Kampusch, het Oostenrijkse 10-jarige meisje dat ontvoerd werd, bleef tot haar achttiende gevangen.

Volgens de media rouwde ze toen ze hoorde dat haar ontvoerder dood was.

Wanneer we een emotioneel onbeschikbaar persoon ontmoeten die bijvoorbeeld lijdt aan een narcistische persoonlijkheidsstoornis, wordt onze band met hem gelegd door zijn enerzijds niet consistente, overmatige aandacht, gecombineerd met zijn emotionele terugtrekking en onthouding van liefde, aandacht en erkenning. Doordat er in je relatie met een narcist stelselmatig wordt gelogen, gemanipuleerd en er geestelijke en soms fysiek misbruik plaatsvindt, kan iemand met codependentie symptomen juist intens gehecht raken aan deze partner. Mensen met codependentie hebben vaak moeite met grenzen stellen en kunnen zich hierdoor slecht beschermen in zo'n destructieve relatie.

Het misbruik van een narcist wisselt vaak af tussen beloning en straf. Soms weet je niet eens zeker of je wordt beloond. Een narcist wil controle en macht over je uitoefenen en zal dan ook alle middelen inzetten om dit voor elkaar te krijgen: zoals liegen, manipuleren en isoleren. Hij zal alles doen om al jouw aandacht, tijd en energie op te eisen en je niet de kans te geven bij jezelf te komen.

In deze staat van verwarring koester je de momenten waarop je narcistische partner je lief behandelt en je gaat ervoor leven om beloond te worden. Dit verlangen maakt je gaandeweg emotioneel en fysiek afhankelijk van je narcistische partner en je gaat onbewust geloven dat deze persoon oppermachtig is. Door het systeem van belonen en straffen in deze ongezonde, ongelijkwaardige relatie word je bijna net zo afhankelijk van je partner als een kind van zijn ouders.

Vraag je je af of er in jouw relatie misschien sprake is van traumabinding of dat je nog steeds vastzit in traumabinding ondanks dat de relatie verbroken is? Wellicht dat onderstaande tekenen je kunnen helpen hier meer helderheid in te scheppen.

10 TEKENEN DAT JE NOG STEEDS VAST ZIT IN TRAUMABINDING:

1. **Je valt nog steeds voor de liefdesbombardementen**

   Dit kan zowel binnen de relatie plaatsvinden als buiten de relatie wanneer de relatie verbroken is. Realiseer je dat na ieder liefdesbombardement, altijd weer een periode van devaluatie volgt, een periode waarin je afgewezen wordt. De onvoorspelbaarheid maakt je in de war en laat je steeds weer opnieuw terugvallen. Deze liefdesbombardementen kunnen zowel in vriendschappen als in liefdesrelaties plaatsvinden. Om ervan los te komen is het belangrijk om je te realiseren dat het een manipulatietechniek is en geen echte liefde.

2. **Je hoopt nog steeds op een toekomst met deze persoon**

   Ondanks alle mishandeling en manipulatie blijf je hopen dat het op een dag anders wordt. Hier ligt valse hoop aan ten grondslag. Enerzijds wordt deze valse hoop extern veroorzaakt door de verschillende manipulatietechnieken die worden ingezet door de partner. En anderzijds is dit het afweermechanisme 'valse hoop' aan het werk. Wanneer de valse hoop instort, krijg je te maken met de realiteit. De realiteit dat je partner een destructief persoon is en je niet kan geven wat je nodig hebt en verdient. De realiteit die eronder zit, is de realiteit dat je ouders, opvoeders of leraren, vriendjes en vriendinnetjes je niet hebben kunnen geven wat je nodig had.

Hoe kom je los van Valse hoop?[6]

- Door de valse hoop te herkennen, de manipulatie en de werkelijkheid te doorzien.
- Door te stoppen je te gedragen vanuit de valse hoop.
- Door de gevoelens die je nu voelt door het stoppen met valse hoop te relateren aan de gevoelens uit je jeugd.
- Door je oude pijn uit je jeugd te doorvoelen.
- Door jezelf te geven wat je nodig hebt, zowel het meisje van toen als de vrouw van nu.

3. Je verdedigt nog steeds degene die je mishandeld heeft

Ondanks alle feiten die op tafel liggen dat iemand jou fysiek, mentaal of emotioneel mishandeld heeft, blijf je redenen vinden om zijn gedrag goed te praten. Ondanks alle keren dat je verdriet en pijn hebt ervaren door deze persoon, blijf je hem verdedigen. Dit kun je doen door tegenover je vrienden en familie deze persoon te verdedigen, maar ook door jezelf deze verdedigingsverhalen te blijven vertellen. Je minimaliseert of of bagatelliseert het gedrag om maar niet geconfronteerd te worden met de realiteit dat het echt tijd is om afscheid te nemen van deze persoon.

Voorbeelden van verdediging zijn:

- Het kleiner maken: zo erg was het niet.
- De schuld geven aan de jeugd van je partner.
- Het wijden aan de verslaving of stoornis van je partner.

---

6) NB: Dit is mijn manier om los te komen van Valse Hoop en niet die van Ingeborg Bosch.

- De gedachte: ja maar hij gaat door een moeilijke periode heen.
- De gedachte: Ja maar in z'n hart is het echt een goed persoon.

Wat voor excuus je ook bedenkt, realiseer je dat het niet gaat om al deze oorzaken, maar om de realiteit hier en nu. Hoe word je nu behandeld! Kijk niet naar de potentie die iemand in zich heeft. Wie iemand zou kunnen zijn, is ondergeschikt aan wie iemand daadwerkelijk is.

4. Je hebt het gevoel dat er geen uitweg is

Misschien omdat je nog in de relatie zit en niet weet hoe je er ooit uit kan komen. Of omdat je nog steeds het gevoel hebt gevangen te zijn doordat de persoon je nog steeds lastigvalt of doordat je er in je hart en hoofd nog extreem veel mee bezig bent en je dus nog steeds gevangen zit in de obsessie.

5. Je hoopt nog steeds op contact met een persoon die je pijn heeft gedaan

Dit laat duidelijk zien dat je nog vastzit in valse hoop. Niet alleen hoop je op een toekomst met deze persoon, maar je wilt ook nog graag in contact blijven met deze persoon. Je verzint allerlei excuses waarom dat nodig zou moeten zijn of hoe je dit voor elkaar kunt krijgen. Bijvoorbeeld:

- Voor de kinderen is het beter dat we in contact blijven. Zij hebben tenslotte een band met elkaar opgebouwd, die mag ik niet zomaar verbreken.
- We kunnen toch vrienden blijven. Waarom niet? Dat een liefdesrelatie niet werkt betekent niet dat we geen vrienden kunnen blijven.

6. Je blijft mensen helpen die je pijn hebben gedaan

Je doet dit uit schuldgevoel. Dit kan enerzijds komen doordat de persoon jou daadwerkelijk een schuldgevoel geeft of doordat je vanuit je codependentie een schuldgevoel met je meedraagt dat je ergens in je leven hebt opgedaan, en iemand je al heel vroeg heeft gegeven. Dit kan een opvoeder geweest zijn, maar ook een leraar of vriendje, vriendinnetje of iemand anders die bij jouw jeugd betrokken was. Door deze oude pijn reageer je nog steeds vanuit de rol van de pleaser en voel je je vaak schuldig. Het kan ook zijn dat je een overtuiging hebt die zegt:

- Ik hoor mijn (ex)partner te helpen
- Je mag iemand niet in de steek laten

Voorbeelden van mensen blijven helpen zijn:

- Je blijft betalen voor deze persoon of geld uitlenen
- Je blijft praktische zaken regelen zoals eten koken of het huis opruimen
- Samen tijd doorbrengen

Om hier van los te komen is het belangrijk om je realiseren dat je alleen verantwoordelijk bent voor jezelf. Wat mij helpt is het stellen van de volgende vragen:

- Is dit daadwerkelijk mijn probleem, mijn verantwoordelijkheid?
- Is dit zijn probleem, zijn verantwoordelijkheid?
- Of hoort dit bij de verantwoordelijkheid van (god) het universum, het leven?

7. **Je blijft mensen vertrouwen**

Steeds weer opnieuw blijf je iemand vertrouwen terwijl het tegendeel allang bewezen is dat iemand niet te vertrouwen is. Ondanks het feit dat iemand in het verleden meerdere keren je vertrouwen heeft beschadigd, blijf je deze persoon steeds weer opnieuw kansen geven of hopen dat het dit keer echt anders zal zijn. Omdat iemand vaak meerdere gezichten heeft, is deze valkuil het sterkst wanneer de positieve kant de overhand neemt.

8. **Je kunt mensen die destructief voor je zijn niet uit je leven bannen**

Dit doe je omdat je bang bent dat je geen andere partner meer zal vinden. Traumabinding kan ook heel goed plaatsvinden in vriendschappen, familierelaties of relaties op de werkvloer waardoor je in ongezonde relaties blijft hangen. Dit alles zul je doen om gevoelens van angst, eenzaamheid en leegte te vermijden.

9. **Je blijft manipulerende mensen proberen te overtuigen van redelijkheid**

Wanneer iemand op een ongezonde manier reageert of jou op een nare manier blijft behandelen, probeer je deze persoon te overtuigen van wat je ziet en wat er gebeurt. Je blijft proberen om iemand iets te laten inzien wat iemand niet wil zien of kan zien.

10. **Je blijf jezelf verdedigen**

Het kan ook zijn dat je jezelf steeds maar blijft verdedigen in de hoop dat iemand jouw gedrag en gevoelens nu eindelijk eens een keer zal snappen of er op zijn minst wat compassie voor heeft. Je blijft op deze manier vechten met mensen. Dit kost ontzettend veel energie die je voor jezelf nodig hebt.

3 FASEN OM LOS TE KOMEN UIT TRAUMABINDING

Fase 1: Acceptatie van de externe realiteit/werkelijkheid

Traumabinding lost op wanneer je de realiteit echt kunt inzien. Je stopt met de situatie te willen veranderen en accepteert dat het is zoals het is. Dit noem je externe acceptatie.

Je stopt het onveranderbare te willen veranderen. In het Engels zeggen ze: Stop fixing the unfixable. Oftewel: Je accepteert dat een appel een appel is en geen peer!

Fase 2: Je gaat de confrontatie met je grootste angst aan

Dat gevoel waar je het bangst voor bent en dat je al een hele lang tijd met allerlei overlevingsstrategieën probeert te vermijden, ga je nu daadwerkelijk aan. De overtuiging die jou al tijden naar beneden haalt, doorzie je. Je weet dat het niet waar is en neemt de schaamte weg.

Doordat je het nu echt aangaat en vanuit een positieve manier bekijkt, ontstaan er nieuwe ervaringen en een nieuwe vorm van zelfacceptatie. Wanneer schaamte uit de weg geruimd is, komt er ruimte voor echte zelfacceptatie. Deze fase duurt het langst maar is het dubbel en dwars waard. Het is de fase van het oncomfortabel worden met het oncomfortabele waarin je al je angsten voor afwijzing aangaat. Waarin je jezelf gaat laten zien en gaat laten horen ondanks dat het spannend is. Grenzen stellen is jouw verantwoordelijkheid en die pak je. Je gaat geen relaties meer aan de met mensen die niet goed voor je zijn. De allerbelangrijkste relatie die je op dagelijkse basis onderhoud, is die met jezelf en je innerlijk kind. Wanneer deze echt op nummer 1 staat, zal het je nooit meer kunnen gebeuren dat je in een relatie belandt die destructief en ongezond voor je is.

> HUG YOUR DEMONS
> UNTIL THEY BITE YOU
> IN THE ASS.

Nu de relatie over is, neem je de volledige verantwoordelijkheid voor de gevoelens die er bij jou vanbinnen plaatsvinden. Uiteindelijk zal de angst verdwijnen die je zo lang bij je gedragen hebt, de angst van mishandeling. Angst is de lijm om in de mishandeling te blijven. Het was niet jouw fout om mishandeld te worden, maar het is wel jouw verantwoordelijkheid om te zorgen dat het nooit meer gebeurt.

Fase 3: Interne acceptatie

Dit is de fase waarin je volledig los bent van de schijnveiligheid waar je lange tijd in verkeerde. Je kent en herkent het verschil tussen liefde en angst. Je hebt een mega grote sensor ontwikkeld voor manipulatietechnieken en bent waakzaam. Je hebt nog wel geloof in de liefde maar doet het rustig aan. De relatie met jezelf is de allerbelangrijkste en van daaruit heb je vertrouwen dat wanneer de tijd rijp is, je een gezonde partner op je pad zult aantrekken. Je kiest er echt voor om te leven vanuit je ware zelf. Je leeft een authentiek leven en blijft jezelf uitspreken ondanks dat het spannend is. Uiteindelijk is de traumabinding doorbroken en kun je verder met je leven.

ONTHOUDING VAN VERSLAVING

Wanneer je besluit om te stoppen met het gebruiken van een middel of te stoppen met verslavend gedrag, kom je automatisch terecht in een proces van onthouding wat lichamelijke en of geestelijke onthoudingsverschijnselen teweeg kan brengen. Je kunt denken aan het hebben van hoofdpijn, trillen, rusteloosheid, geïrriteerdheid, eenzaamheid, verdriet, overgevoeligheid, innerlijke leegte, een algeheel gevoel van ontevredenheid of een combinatie van al deze symptomen. Vaak vergeet je dan weer even waarom je in eerste instantie gestopt was. Gevoelens die je met het middel, het gedrag of de relatie jarenlang hebt verdoofd, kunnen ineens naar de oppervlakte komen, variërend van alledaagse gevoelens tot traumatische ervaringen. Dit is lang niet altijd prettig en vaak ook niet wat je verwacht wanneer je een positieve stap heb gezet om te stoppen met je relatie of met je overlevingsstrategie. Je wilt je beter gaan voelen toch? Niet slechter! Helaas horen deze gevoelens erbij en zijn ze de voedingsbodem op je weg naar vrijheid van verslaving. Al je gevoelens toelaten en doorvoelen is waar je groei zit, dit zijn dan ook groeipijnen op je weg naar herstel.

Doordat je niet gewend bent om echt te voelen, zorgen gevoelens er vaak voor dat trek of verlangen naar jouw specifieke middel, gedrag of verlangen naar een relatie weer omhoog komt. Deze obsessieve gedachten hebben de functie je weg te houden bij je gevoelens. Wanneer je toegeeft aan deze verlangens hef je de onthoudingsverschijnselen weer op en blijf je afhankelijk. Zo houd je je verslaving in stand.

THE ONLY WAY OUT IS THE WAY IN!

De enige weg is er doorheen! Wanneer je door je gevoelens heengaat, kun je ze integreren en loslaten met als gevolg dat er meer ruimte in je lijf en in je hoofd komt waardoor je lekkerder in je vel gaat zitten. Er komt ruimte voor het ervaren van je ware zelf, je diepste zijn en potentieel, waar ik in het volgende hoofdstuk meer over zal vertellen, en dat is natuurlijk wat je wilt. Zelf ben ik in mijn leven meerdere malen door meerdere fasen van onthouding heengegaan. Altijd met bloed, zweet en heel veel tranen. Desalniettemin vond ik ieder proces van onthouding waardevol en bracht het me altijd weer een stapje verder naar de beste versie van mezelf!

FYSIEKE ONTHOUDING

Wanneer je stopt met het gebruiken van een middel of je onthoud je van bepaald gedrag spreken we van 'onthouding'. We kunnen ook spreken van 'fysieke onthouding'. Hierbij moet je denken aan:

- Stoppen met het drinken van alcohol (alcoholverslaving).
- Stoppen met drugsgebruik (middelenverslaving).
- Stoppen met dwangmatig porno kijken of vreemdgaan (seksverslaving).

- Stoppen met dwangmatig over/onder eten of extreem gezond eten (eetstoornis).
- Stoppen met overmatig zorgen voor een ander (co-dependentie).
- Stoppen met pleasen en aanpassen (codependentie).
- Stoppen met verantwoordelijkheden overnemen (code-pendentie).
- Stoppen met het willen controleren van de verslaving van een ander (co-verslaving) .
- Stoppen met een destructieve relatie(s) zoals relatie- of liefdesverslaving en codependent gedrag

Fysieke onthouding is altijd het beginpunt van je herstel! Wanneer je niet langer toegeeft aan het middel of het specifieke gedrag ga je contact maken met je onderliggende gevoelens van onrust en leegte. Hierdoor beland je vanzelf in de volgende fase namelijk: emotionele onthouding.

EMOTIONELE ONTHOUDING

Emotionele onthouding betekent onder andere dat je jezelf gaat onthouden van:

- Negatieve gedachten
- Uitstelgedrag
- Je stopt met jezelf af te wijzen
- Je stopt met pleasen
- Je stopt met leven vanuit je strategieën
- Kwetsbaarheid als kracht gaat ervaren in plaats van als een zwakte

- Je kiest ervoor je gevoelens te voelen in plaats van ze te ontkennen en weg te duwen

Emotionele onthouding zorgt voor innerlijke groei en heling! Wanneer je enige tijd fysieke en emotionele onthouding doorstaat, beland je uiteindelijk in spirituele onthouding, wat naar mijn mening de meest prettige fase van het onthoudingsproces is.

SPIRITUELE ONTHOUDING

Dit betekent onder andere dat:

- Angst plaats maakt voor vertrouwen
- Controle plaats maakt voor overgave
- Vergeving van jezelf
- Vergeving van de ander
- Je gaat verbinden met jezelf en met anderen in plaats van je te isoleren
- Je een relatie gaat ontwikkelen met je ware zelf/hogere zelfgod/spirit/hogere macht

Fysieke, emotionele en spirituele onthouding zorgen uiteindelijk voor groei op alle vlakken van je leven. Hierdoor word je uiteindelijk.... de beste versie van jezelf!

CROSSADDICTIONS

Het is goed om te weten dat wanneer je stopt met één verslaving, er een grote kans is dat je deze verslaving inruilt voor een andere verslaving of strategie. Dit heet 'crossaddiction'. Zelf ervoer ik dit toen ik stopte met middelengebruik. Nadat ik daarmee stopte, kwam een eerdere verslaving uit mijn jeugd opnieuw de kop opsteken: dwangmatig overeten en boulimia. En toen ik deze eetstoornis had losgelaten, kwamen mijn codependentie en mijn relatieverslaving naar de oppervlakte. Het is heel normaal dat iemand die verslaafd is geweest op meerdere vlakken verslavend gedrag kan gaan vertonen op andere gebieden. Vaak lijkt de verslaving enigszins op de vorige. Ben je herstellende van een cocaïne- of alcoholverslaving, dan kan je bijvoorbeeld verslaafd raken aan medicijnen die je krijgt op recept. Je hersenen gaan simpelweg op zoek naar iets nieuws dat dezelfde 'high' geeft als de eerdere verslaving. Deze high werd veroorzaakt door het 'feel good' stofje dopamine in je hersenen dat werd geactiveerd bij het snuiven van cocaïne of serotonine bij het eten van chocolade. Eenmaal dat ervaren, blijven je hersens verlangen naar dit stofje dat je ooit zo goed deed voelen. Wees hier waakzaam op! Je loopt een grotere kans om een crossaddiction te ontwikkelen wanneer je de daadwerkelijke behoefte van het innerlijk kind niet kan voelen of er geen aandacht aan geeft. Wanneer je serieus aan de slag gaat met onthouding van een verslaving en de gevoelens die daarbij naar boven komen niet opnieuw onderdrukt maar omarmt door middel van innerlijk kindwerk, lichaamswerk en traumatherapie waar ik in het volgende hoofdstuk meer over zal vertellen, is de kans kleiner om een volgende verslaving te ontwikkelen.

HOGE BODEMVERSLAAFDE VERSUS LAGE BODEMVERSLAAFDE

In het tweede hoofdstuk vertelde ik al kort over de negatieve bijklank van verslaving, dat mensen al snel bij het woord 'verslaafde' denken aan de extremere gevallen van verslaving. Dat laatste noemen we ook wel 'de lage bodem verslaafden'. Dit zijn verslaafden die niet meer goed kunnen functioneren in de maatschappij, die door hun verslaving hun baan, familie en huis zijn kwijtgeraakt en op straat belanden. Maar zoals ik al aangaf, zijn er ook heel veel verslaafden aan wie hun verslaving niet zo duidelijk is af te lezen. Dat noemen we 'hoge bodem verslaafden'. Dit zijn mensen die van buitenaf gezien normaal functioneren in de maatschappij. Ze gaan gewoon naar hun werk, moedigen hun kinderen aan bij het voetbalveld en zijn sociaal gezellig. Vaak verhullen ze hun verslaving voor de buitenwereld en soms zelfs voor zichzelf. Toch heeft de verslaving zeker ook voor hen gevolgen op fysiek, mentaal en emotioneel vlak. Kenmerken van een hoge bodem verslaafde zijn dat:

- Het iedereen kan overkomen.
- Het vaak degene is van wie je het het minst verwacht.
- Sommige mensen dagelijks normaal met een verslaving lijken te functioneren
- Je als hoge bodemverslaafde moeilijk herkent in de verhalen en kenmerken van verslaafden omdat ondanks dat je drugs of alcohol misbruikt, je er fysiek niet zo slecht aan toe bent, je je huis nog bezit en gewoon naar je werkt gaat.
- Je het gevoel hebt dat je alles onder controle hebt .
- Je de compulsieve neiging hebt om bepaalde middelen te veel te gebruiken, maar het je alsnog goed lukt om in een relatie te blijven, vriendschappen te onderhouden en goede banen te behouden.

Een verslaving heeft weinig te maken met de capaciteit om een normaal leven te leiden. Het is een chronische aandoening en ondanks dat je er goed mee kunt functioneren en het (een tijdje) kan verbergen, is de verslaving volkomen echt en gevaarlijk. Daarom is het juist ook als je een hoge bodemverslaafde bent, belangrijk om je verslaving te behandelen.

Zelf was ik een hoge bodemverslaafde. Toen ik mijn eerste bodem raakte met middelengebruik was ik 27 jaar oud, was ik manager van twee horecagelegenheden in Amsterdam. Ik had dus een goede baan, geld, een auto en vrienden en familie. Van de buitenkant was er niets merkbaar, maar als ik alleen was voelde ik me van binnen vaak leeg en eenzaam. Met name wanneer ik middelen gebruikte, dan voelde ik me een aantal dagen zo ontzettend somber dat ik regelmatig dacht en tegen mezelf zei: 'Dit is echt de laatste keer.' Al mijn levensenergie en levensvreugde verdween. Vanbinnen voelde ik me een emotioneel wrak maar van de buitenkant zag niemand iets.

GRADATIES VAN VERSLAVING

Wanneer je niets aan herstel of heling doet, zal je verslaving alleen maar erger worden, nooit minder. Verslaving is een progressieve aandoening die zich manifesteert op alle vlakken van je leven maar ook consquenties heeft op alle vlakken van je leven. Fysiek, mentaal, emotioneel en spiritueel.

Ook is het belangrijk dat wanneer er op dit moment in je leven sprake is van een middelenverslaving, zoals alcohol, drugs, of dwangmatig overeten of ondereten, je eerst zorgt dat je de juiste hulp krijgt om los te komen van deze primaire verslavingen. Daarna kun je pas aan de slag met herstel en heling van je relatieverslaving, liefdesverslaving en codependentie. Op het moment dat je je namelijk gaat onthouden van deze verslavende relatiepatronen, word je geconfronteerd met de dieperliggende gevoelens die eraan te grondslag liggen. Als je verslaafd bent aan alcohol, middelen of dwangmatig over- of ondereten, kun je niet op een heldere manier werken aan het doorvoelen van die onderdrukte gevoelens. In dat geval zijn je gedachten en gevoelens nog te zeer vertroebeld door de middelen of andere chemische processen in je brein.

OPDRACHT 5

Maak een lijstje van de overlevingsstrategieën die je bij jezelf herkent. Maak het specifiek en geef bij iedere strategie een voorbeeld hoe de strategie er in jouw leven uitziet.

....

....

....

....

....

....

OPDRACHT 6

Herken je de tekenen van traumabinding? Maak dan ook hier een lijstje van en beschrijf hoe deze tekenen zich manifesteren in jouw leven.

....

....

....

....

....

....

....

5.

DELENWERK EN INNERLIJK KINDWERK

"Word comfortabel met het oncomfortabele."

Goed nieuws! Je bent bij het hart van dit boek aangekomen én bij het hart van mijn methode van heling en herstel: het innerlijk kindwerk. Innerlijk kindwerk is verweven met delenwerk, en het vormt het omslagpunt van waaruit je je destructieve patronen gebaseerd op angst gaat ombuigen tot constructieve patronen gebaseerd op zelfliefde. Je gaat de pijnlijke gevoelens waar je zo ontzettend bang voor bent en waar je misschien al heel je leven voor wegloopt, in de ogen kijken. En dat niet alleen; je gaat ze waarderen. Deze gevoelens zijn namelijk de sleutel tot de onuitputtelijke bron van zelfliefde die je in je meedraagt. Dit is dan ook een van de de redenen dat deze gevoelens er mogen zijn. Vaak denken we dat we ze kwijt moeten raken, maar ze vormen juist de crux. Deze realisatie heeft voor mij veel betekend op mijn pad van heling en herstel. Ik heb heel lang gedacht dat ik de zogenaamde negatieve gevoelens niet meer mocht voelen. Ze moesten weg. Dan pas zou er zelfliefde en emotionele gezondheid zijn. Nu weet ik dat deze zogenaamde negatieve gevoelens de toegangspoort zijn naar nog meer zelfliefde. Elke keer dat ik contact maak met schaamte, schuld of zelfafwijzing, geeft het mij de mogelijkheid om mijn zelfliefde weer te verdiepen door mezelf te geven wat ik op dat moment nodig heb.

Vanaf nu gaan we ons richten op heling en herstel van je verslavende relatiepatronen! Daar hebben we al het voorwerk hard voor nodig gehad.

Eerst moet je de situatie immers zien en accepteren zoals die is en begrijpen hoe deze is ontstaan, voordat je een andere situatie kan creëren. Pas dan kun je, gewapend met je nieuwe inzichten en zelfhelende methoden, nieuwe keuzes maken.

Je weet nu wat relatieverslaving, liefdesverslaving en codependentie is en waar je deze aan kan herkennen. Je weet nu ook wanneer en waarom deze verslavende relatiepatronen ontstaan zijn: in onze jeugd, door de manier waarop we gehecht zijn of door een traumatische gebeurtenis, zoals een pestverleden. En je begrijpt nu dat je op dat moment overlevingsstrategieën nodig had om hiermee om te gaan, die in je volwassen leven misschien hebben geleid tot verslavende relatiepatronen. Aangezien je ze nu niet meer nodig hebt en ze op dit moment misschien meer schade aanrichten dan goed doen, kun je met dankbaarheid voor de rol die ze ooit voor je vervuld hebben, afscheid van ze nemen. Je mag ze bewust en vanuit je volwassen zelf bedanken en eventueel constructief inzetten wanneer nodig, maar verder mag je ze minder macht geven of zelfs helemaal los laten. Wat een bevrijding!

In het vorige hoofdstuk legde ik al kort uit hoe je dat doet. Op het moment dat je je overlevingsstrategieën minder macht gaat geven of helemaal loslaat is het belangrijk dat je deze behoeften opvult en een andere manier leert om met de situatie om te gaan. Je hebt ze namelijk niet voor niets ingezet! Je wilt jezelf alsnog beschermen; niet tegen de oude pijn die eronder ligt, maar tegen de kwetsbaarheid. Aangezien je je op dat moment kwetsbaar opstelt, is het belangrijk om met compassie, liefde en de juiste zorg voor jezelf met de situatie om te gaan. Het doel is om op dit moment jouw volwassen autonome zelf in contact te brengen met de leegte van het kind in jou. Je doet dit door de oude pijn te doorvoelen, erachter te komen welke zorg en bescherming je op dat moment nodig hebt en hier liefdevol mee om te gaan.

De eerste stap in dit proces is altijd bewustzijn en inventarisatie van je strategieën. Dit doe je door middel van een plan van onthouding. Dat is je gereedschap waarmee je je strategie gaat ontmantelen. Op het moment dat je daarmee begint, door stil te staan en te stoppen met denken en handelen vanuit je overlevingsstrategie, kom je je oude kindpijn tegen. Gevoelens die we niet graag voelen, zoals angst, schuld, schaamte, verlating, leegte en eenzaamheid. Deze pijnlijke gevoelens ga je doorvoelen en wanneer dat is gebeurd, mag je hierop reageren vanuit je volwassen ik. Op deze manier heel je je oude kindpijn. Niet door deze 'op te lossen' (de pijn zal niet voor altijd verdwijnen), maar door naar deze pijn te durven kijken vanuit je volwassen ik en deze met compassie voor het kind in jou met liefde te omarmen.

Dat klinkt natuurlijk mooi, maar hoe gaat dit nou precies in zijn werk? Wat is je innerlijk kind en je volwassen autonome ik en welke 'ikken' heb je nog meer? Dat gaan we in dit hoofdstuk onderzoeken. Maar laten we beginnen met een van de belangrijkste voorwaarden voordat je het pad van heling en herstel inslaat: het nemen van verantwoordelijkheid voor jezelf.

ZELFVERANTWOORDELIJKHEID

Sommige vrouwen en mannen hebben de neiging om hun relatieverslaving, liefdesverslaving en/of codependentie problematiek buiten zichzelf te leggen en veel te herhalen over wat hen allemaal is aangedaan in hun leven. Regelmatig lees ik berichten op fora van bijvoorbeeld narcistisch misbruik, waarin het alleen maar over de narcistische partner gaat. Ik vind dit jammer, want naar mijn idee leg je daarmee het probleem bij de ander in plaats van dat je bezig bent met de oplossing.

Deze slachtofferrol is voor een bepaalde periode zeer terecht en misschien comfortabel, maar zorgt er mogelijk voor dat je niet echt bij de kern van je probleem komt. Hierdoor maak je geen contact met jouw persoonlijke onderliggende pijn, die de aandrijver is van jouw verslavende relatiepatronen. Je vergroot zo de kans om opnieuw in een relatie terecht te komen met een narcistische partner. Dit is echter geen ondermijning van wat je is aangedaan. In een relatie met iemand met een narcistische persoonlijkheidsstoornis of in een relatie waarin sprake is van verschillende vormen van geweld bén je absoluut een slachtoffer. Het is goed om je dat te realiseren, want dat vormt het fundament om nooit meer terug te gaan en zal je helpen in te zien dat je onschuldig bent. Toch komt er een moment dat je dit weer mag loslaten, zodat je verantwoordelijkheid kunt nemen voor je eigen oude wonden en de gevoeligheid die je hebt voor het aantrekken van destructieve partners. Er zijn natuurlijk ook mannen en vrouwen die per toeval eenmalig een destructieve partner aantrekken, maar bij de meesten is dit niet het geval en is er sprake van een patroon van het steeds opnieuw aantrekken van emotioneel onbeschikbare en, in sommige gevallen, gewelddadige partners. Wellicht dat je continu te maken hebt met emotionele onbeschikbaarheid, maar dan elke keer in een ander jasje.

Heling en herstel van relatieverslaving, liefdesverslaving en codependentie gaat juist over het omarmen en toelaten van je persoonlijke, onderliggende, onderdrukte gevoelens. Niet over het weglopen of het vermijden daarvan. 'Comfortabel worden met het oncomfortabele' is dé slogan voor het doorbreken van relatieverslaving, liefdesverslaving en codependentie. Uiteraard heeft iedereen tijd nodig om dingen te verwerken, maar de vraag is: wat doe je in de tussentijd? Kies je ervoor om vooruit te gaan en je leven te ontwikkelen in de richting die jij wenst? Of kies je ervoor om je nog steeds bezig te houden met de ander en in herhaling te vallen over wat je allemaal is aangedaan? Hiermee bedoel ik niet dat je niet mag rouwen, want rouwen is een belangrijk aspect van herstel en duurt vaak langer dan je zou willen. Echter, op het moment dat je niet aan de slag gaat met de kern van het probleem, het doorvoelen van de pijn daar waar die vandaan komt zal de pijn nooit echt verminderen en zal je steeds weer opnieuw gevoelens van boosheid en verdriet ervaren. Zelfs als de ander veel pijn, verdriet en schade heeft aangebracht in jouw leven is het nog altijd jouw verantwoordelijkheid om dit probleem uit de weg te ruimen. Dus accepteer de situatie, rouw over wat er is gebeurd, doorvoel je oude pijn door situaties uit het heden te koppelen aan situaties uit het verleden maar onderneem ook actie om de situatie te veranderen en te zorgen dat dit je nooit meer overkomt.

Ben jij iemand die kiest voor zelfverantwoordelijkheid of betrap je jezelf er nog regelmatig op dat je blijft hangen in zelfmedelijden, boosheid, pijn en verdriet? Uiteraard is dat helemaal oké, maar ik wil je uitnodigen om hiervan bewust te zijn en mogelijk iets anders te kiezen. Je kunt namelijk iedere dag opnieuw kiezen voor zelfverantwoordelijkheid of voor zelfmedelijden. En nogmaals, zelfverantwoordelijkheid is iets heel anders dan de schuld op je nemen. Je bent onschuldig! Wanneer iemand mij gekwetst heeft, wat uiteraard ook in mijn leven gebeurt, probeer ik te onderzoeken wat mijn eigen aandeel is, zodat ik kan voorkomen dat ik niet nogmaals op dezelfde manier gekwetst word. Kanttekening is dat mensen die last hebben van codependentie de neiging hebben om de volledige verantwoordelijkheid op zich te nemen. Wees hier waakzaam op want dat is niet de bedoeling en doet meer kwaad dan goed. Je bent niet verantwoordelijk voor wat je is aangedaan maar wel voor je herstel.

Als je bereid bent om eerlijk en open te kijken naar je eigen rol in het toelaten en vasthouden van deze relaties, en als je er klaar voor bent om actie te ondernemen om het in de toekomst anders te doen, dan ben je klaar om zelfverantwoordelijkheid te nemen. Dat is het startpunt van waaruit je stappen kunt nemen in de richting van gezonde en gelukkige relaties. Laten we daar nu mee beginnen!

JE WARE ZELF EN JE ONECHTE ZELF

We kunnen onszelf in allerlei 'delen' opdelen. Dat klinkt wat gek, want we zijn uiteraard geen machines, maar het is een manier om te zeggen dat ons gedrag wordt aangestuurd vanuit verschillende delen. Je kunt denken aan de verschillende rollen die we in ons dagelijks leven aannemen. De rol van ouder, kind, partner, werknemer of werkgever. Verder kun je ook nog denken aan de overlevingsstrategieën uit het vorige hoofdstuk en de andere persoonlijkheidsdelen waar ik later in dit hoofdstuk op terugkom. De pleaser, de harde werker, maar ook de innerlijke criticus, het volwassen autonome zelf en het innerlijk kind. Het lijkt alsof al deze rollen en delen los van elkaar bestaan, maar uiteindelijk grijpen ze allemaal in elkaar en kan een bepaalde rol samenvallen met een bepaald persoonlijkheidsdeel, waarbij de combinaties steeds opnieuw kunnen verschuiven gedurende je dag. Zo kan je als ouder handelen vanuit de overlevingsstrategie van de innerlijke criticus en vinden dat je een slechte moeder bent en alles verkeerd doet. Of je gedraagt je als werknemer vanuit de overlevingsstrategie van de pleaser en laat je als een voetveeg door anderen behandelen. Je kan als partner vanuit je innerlijk kind reageren en enorm angstig worden als iemand een dag niks laat horen. En je kan als werkgever vanuit je volwassen autonome zelf je bedrijf besturen en goed voor je werknemers zorgen, daadkrachtig zijn en oplossingsgericht. De rollen en persoonlijkheidsdelen wisselen elkaar dus van moment op moment af bestaan als het ware in elkaar. Ze lopen in elkaar over.

Als je dit samenspel van in elkaar overlopende rollen en delen aanschouwt, kan je nog een verdeling maken. De verdeling tussen het ware zelf en het onechte zelf. We hebben allemaal een waar zelf en een onecht zelf. Het onechte zelf is het deel waar je de stem van de ontkenning van je verslaving, de stem van je ego maar ook de stem van de innerlijke criticus, de pleaser of een van de andere overlevingsstrategieën vindt. Het zijn de delen die je tussen je ware zelf en het leven inplaats en jou belemmeren om te leven vanuit wie je echt bent, liefde vreugde en licht. Het is de stem die ervoor wil zorgen dat je terug gaat naar die relatie die niet goed voor je is.

De stem van je ware zelf daarentegen is de stem die voortkomt uit het diepste in jou, uit je ziel, je intuïtie. Deze stem wil niets liever dan dat jij gelukkig bent en dat je het hoogste potentieel uit je leven haalt. Gedachten en gevoelens die voortkomen uit een diep verlangen naar verandering, komen voort uit het diepste van jouw ziel. Deze stem wil echt dat jij de beste versie van jezelf wordt. De meest gelukkige vrouw of man op aarde.

Let op: je overlevingsstrategieën hoeven niet weg maar je mag ze onder leiding van de volwassene in jou minder macht gaan geven zodat jouw ware zelf alsnog de ruimte krijgt om vanuit vreugde en liefde te leven.

De grootste verwonding die je als kind kan oplopen is dat je je wordt afgewezen. Dit gebeurt wanneer je ouders je niet bevestigen in je behoeften, gevoelens en verlangens. Om met deze pijn om te kunnen gaan, moet je een namaak zelf, een onecht zelf opbouwen. Dit onechte zelf, wat tevens een vals zelfbeeld

is, komt tussen jou en je ware zelf in te staan. Je gaat je dan gedragen naar de verwachtingen van je ouders, om maar geliefd te zijn. Dit onechte zelf wordt extra bekrachtigd door de maatschappij en de cultureel heersende rollen tussen man en vrouw. Uiteindelijk wordt dit onechte zelf je identiteit. Je vergeet als het ware dat dit onechte zelf een aanpassing is. Dat dit je overlevingsstrategieën zijn.

Zoals we in het vorige hoofdstuk bespraken, ontwikkel je allerlei patronen, manieren van zien, voelen, denken, doen, omgaan met mensen en situaties om bepaalde pijnlijke gevoelens te verdringen. Deze patronen hebben invloed op hoe je in het leven staat. Het is je bril waardoor je de werkelijkheid ziet. Je referentiekader. Deze patronen komen laagje voor laagje over je oorspronkelijke ware zelf heen te liggen, waardoor je meer en meer het contact met jezelf, je intuïtie en je gevoel verliest. Dit geeft een gevoel van leegte en niet weten wat je wilt. Je ervaart besluiteloosheid, afhankelijkheid en doelloosheid. Je voelt geen verbinding in je leven en hebt de neiging de oplossing hiervoor bij anderen te zoeken. Als je deze patronen afpelt, door de gevoelens die eronder zitten toe te laten en te verwerken, kom je weer in contact met je ware zelf en je ware gevoelens. Hier vind je tevens je innerlijke stem. Je innerlijke stem kun je gebruiken als leidraad in je leven om gezonde keuzes voor jezelf te maken. Dan ben je meer in contact met wie je werkelijk bent, met wat je voelt en wat je wilt met je leven.

Als je onderscheid wilt maken tussen je onechte zelf en je ware zelf, is het belangrijk dat je de specifieke patronen van jouw verslavende relatiepatronen gaat herkennen en opschrijven. Vaak zijn hier bepaalde gedachten aan gekoppeld, die laten zien welke rol of welk persoonlijkheidsdeel er aan het woord is en of deze stem voortkomt uit je onechte zelf of je ware zelf. Mocht je dit moeilijk vinden om te herkennen, dan kun je overwegen om in eerste instantie een therapeut of coach te vinden die je begeleidt in dit proces. Door een ander mee te laten kijken terwijl jij alle stemmen in jezelf aan het woord laat en observeert, kun je samen ontrafelen welke stem er op die momenten spreekt. Zodra je de stemmen goed kunt onderscheiden, zal je ze in de toekomst ook alleen goed kunnen herkennen. Een handige graadmeter kan zijn om te kijken of het verlangen van de stem die aan het woord is, een korte termijn of een lange termijn verlangen heeft. Het onechte zelf gaat namelijk het liefst voor korte termijn bevrediging en kan daarmee niet wachten. Het ware zelf kiest daarentegen voor lange termijn bevrediging en heeft geduld. Die heeft immers het beste met je voor, ook als dat betekent dat je op dit moment sterk moet zijn. Het weet dat dit uiteindelijk voor veel meer geluk zal zorgen dan nu toegeven aan een kortstondig moment van geluk.

Als je de stem van je onechte en ware zelf kunt herkennen, maakt dit het makkelijker om niet te luisteren naar je onechte stem en niet weer in je eigen valkuilen te stappen. Als je toch opnieuw in een valkuil bent gestapt, voel je je vaak slecht over jezelf en ervaar je gevoelens van spijt en schaamte. Toch is er blijkbaar een reden waarom je bent teruggegaan. Voel je niet ontmoedigd als het is 'misgegaan', maar gebruik de situatie om meer over je onechte en ware stem te leren. Probeer terug te herleiden wat de beweegreden was om opnieuw in je valkuil te stappen. Had deze reden te maken met willen toegeven aan een vurig verlangen om nú iets te doen, nú te handelen, om nú dat berichtje te sturen of naar hem toe te gaan om hem even te zien? Kon je niet wachten om te kijken of dit verlangen even sterk zou zijn een week later? Of zelfs alleen maar de volgende dag? Je onechte stem wil jouw verslavingsgedrag in stand willen houden en heeft daar haast bij. Terwijl je ware stem jou juist wil helpen dit destructieve patroon te doorbreken en dus eerder zal zeggen: "je hebt al zoveel pijn ervaren in deze relatie... ik weet dat je nu een vurig verlangen voelt hem een berichtje te sturen, maar zullen we even wachten en kijken of je je over een week nog zo voelt? Of er in ieder geval een nachtje over te slapen?" Wanneer je bewust bent welke stem er spreekt, kun je ervoor kiezen welke stem je voedt. Je voedt de stem van je verslaving (onechte zelf) door in de relatie te blijven en je mee te laten slepen door de ontkenning. Je voedt de stem van je ware zelf door je bezig te houden met heling en herstel. Voorbeelden zijn het lezen van dit boek en andere gerelateerde boeken. Of het volgen van een traject bij mij of bij iemand anders die bij je past. Hoe meer je jezelf blootstelt aan de oplossing, hoe makkelijker het uiteindelijk zal worden. De belangrijkste gereedschappen die ik gebruik als counselor in de trajecten die ik aanbied is het innerlijk kindwerk, EMDR en het ademwerk, waarover ik straks meer zal vertellen. Ik zal de essentie van innerlijk kindwerk in dit boek met jullie delen, evenals de oefeningen die je meteen zelf thuis kunt toepassen. Er zijn natuurlijk veel meer oefeningen in innerlijk kindwerk. Die bied ik in mijn online training aan, tijdens individuele sessies en groepsdagen.

HET INNERLIJK KIND EN WERKEN MET HET INNERLIJK KIND

Innerlijk kindwerk is een zelfhelende methode. En juist op dit pad richting een onafhankelijk leven - onafhankelijk van middelen, gedragingen en andere mensen - is het belangrijk om je een methode eigen te maken waarmee je jezelf kunt helpen. Het is heel fijn om met een therapeut te werken en dit kan ook heel belangrijk zijn om de methode van innerlijk kindwerk goed aan te leren en te integreren, maar het allermooist is om die methode uiteindelijk zelf in handen te hebben. Zo kun je jezelf helpen waar en wanneer je maar wilt. Je wilt namelijk onafhankelijk worden, ook van je therapeut. Dat is het doel van elke therapie.

Innerlijk kindwerk gaat over het innerlijk kind. Dit is het kleine meisje of het kleine jongetje in jou. Het is een samenballing van jou als kind op verschillende leeftijden met alle ervaringen die het op al die leeftijden heeft opgedaan, zowel goede als slechte ervaringen. Bij het innerlijk kindwerk gaan we de slechte ervaringen en de gevoelens die dat opriep helen, omdat we die als volwassene nog steeds kunnen voelen. Het feit dat we geen kind meer zijn, wil niet zeggen dat we ons van binnen niet meer een kind kunnen voelen. Sommige heftige emoties die je in het hier en nu voelt, hebben hun oorsprong in het verleden en zijn gevoelens van jouw innerlijk kind. Dit zijn emoties die vaak wat groter zijn dan emoties die aan de oppervlakte liggen. Het zijn meestal extreme gevoelens van boosheid, leegte en eenzaamheid. Je merkt vaak aan de heftigheid van je reactie, soms door een kleine aanleiding, dat je innerlijk kind in je naar boven is gekomen.

Het kan zijn dat je nu weerstand voelt tegen het hele concept van een innerlijk kind en innerlijk kindwerk, en dat je je niet kunt voorstellen dat er nog een innerlijk kind in je leeft. Sommige mensen vinden het maar zweverig klinken en vinden het een abstract gegeven waar ze zich niet meteen in herkennen. Waar het om gaat, en waar de meeste mensen zich wel in kunnen herkennen, is dat je op sommige momenten rustig en krachtig kunt reageren. Dat je je niet zo snel van je stuk laat brengen en intuïtief weet wat de beste reactie is in die situatie. Terwijl je je op andere momenten chaotisch voelt, emoties van binnen alle kanten opvliegen, je geen overzicht hebt en vanuit angst of paniek handelt. Volgens mij verbaast iedereen zich wel eens over zichzelf en over zijn eigen reacties. Het zijn deze 'verschillende kanten' van jezelf die in delenwerk een naam hebben gekregen om ze uit elkaar te halen. Het belangrijkst is dat innerlijk kindwerk wérkt. En het zou zonde zijn als je dit niet zelf kunt ervaren, omdat je het al hebt afgeschoten voor je het geprobeerd hebt. Ik wil je vragen het een kans te geven voordat je er een oordeel over velt.

Als je de sprong wilt wagen en aan de slag gaat met het innerlijk kindwerk, kan het zijn dat je je niet meer kunt herinneren welke specifieke situaties zich in het verleden hebben voorgedaan die de heftige gevoelens in je oproepen in het hier en nu.

Dit heeft onder andere te maken met de overlevingsstrategieën die je hebben geholpen om je pijn te verzachten of helemaal niets te hoeven voelen. Doordat je al je gevoelens hebt weggedrukt, mis je in je volwassen leven het vermogen om in contact te staan met je gevoelens, je wensen en behoeften. Hierdoor is je innerlijke stem, de stem van je ware zelf ondergesneeuwd en kun je deze stem niet meer als leidraad gebruiken om gezonde keuzes te maken en jezelf te beschermen. Van binnen huist een enorme hoeveelheid onverwerkte pijn, verdriet, eenzaamheid, leegte, frustratie, machteloosheid, woede en een even grote, bijna onbevredigbare behoefte aan liefde, bevestiging, erkenning, waardering en aandacht. Hierdoor ben je extra vatbaar voor mensen die ook maar een beetje lief voor je zijn en aandacht aan je besteden. Vaak schaam je je ook nog voor deze gevoelens of geef je jezelf de schuld dat je niet de liefde, waardering en aandacht krijgt waar je zo naar verlangt. Misschien denk je wel dat het allemaal aan jezelf ligt. Schaamte en schuld zijn typische gevoelens van het innerlijke kind, maar kunnen ook als overlevingsstrategie ingezet worden.

SCHAAMTE EN SCHULD

Ik wil even apart aandacht schenken aan gevoelens van schaamte en schuld, omdat ze heel nauw verweven zijn met relatieverslaving en codependentie. Schaamte en schuldgevoelens vind je zowel bij het innerlijk kind als bij de overlevingsstrategieën.

Schaamte en schuld liggen dicht tegen elkaar aan, maar verschillen wezenlijk. Schuld gaat over iets wat jij voor je gevoel verkeerd hebt gedaan in relatie tot de ander, en schaamte gaat over jou als een verkeerd of slecht persoon. Je hebt het idee dat er iets niet, of soms niets, goed is aan jou. Je wijst jezelf af. Je voelt je slecht en fundamenteel tekortschieten. De schaamtegevoelens zorgen voor verlamming of bevriezing. Deze verlamming of bevriezing dient als bescherming om de gevoelens niet te hoeven voelen. Het is mens eigen om je te beschermen en te verdedigen tegen schaamtegevoelens. We dragen daarom vaak maskers en zetten gedrag in om deze gevoelens te verbergen; onze overlevingsstrategieën. De schaamte wordt op deze manier verborgen gehouden en krijgt geen kans om te helen. Je kunt schaamtegevoelens herkennen aan je gedachten, gevoelens of gedrag op emotioneel, lichamelijk of gedragsniveau. Ik zal ze kort toelichten. Uiteraard is dit een opsomming van vele mogelijkheden die je niet allemaal hoeft te herkennen om last te hebben van schaamtegevoelens.

Schaamte op emotioneel niveau betekent je beschaamd voelen, jezelf afwijzen, miskennen, gevoel hebben dat je tekortschiet. Je voelt je gebrekkig in ieder opzicht, niet goed genoeg, minderwaardig, ontoereikend, lelijk, verrot vanaf je kern, te kritisch ten aanzien van alles wat je denkt en doet. Van binnen voel je pijn, verlamming en eenzaamheid, zelfs wanneer je met vrienden bent. Je bent bang om jezelf echt te laten zien en aan gezichtsverlies te lijden. Je bent depressief, somber en verdrietig. Schaamte kan zich ook subtieler manifesteren, gewoon door de dag heen wanneer je je eigenlijk goed voelde. Ineens voel je een gevoel van schaamte vanuit het idee dat je iets verkeerd hebt gezegd of gedaan. Pia Mellody noemt dit een schaamteaanval.

Schaamte op lichamelijk niveau kun je herkennen aan blozen, ineenkrimpen, jezelf willen verstoppen, jezelf heel klein voelen, je willen opkrullen en doodgaan, zowel lichamelijk als emotioneel contact vermijdend, bang zijn, angstig, geïsoleerd willen zijn, willen wegrennen, depressief zijn en niet in staat zijn om oogcontact te behouden.

Schaamte op gedragsniveau uit zich in ontwijken, opgaan in gedragingen die schaamte verbergen, zoals agressie, middelengebruik, jezelf groter voordoen, ontkenning, minachting jegens anderen, oordelend zijn jegens anderen, *pleasen*, grapjes maken, dwangmatig anderen helpen, zorgen, etcetera.

Schaamte en schuldgevoelens zijn de basis van veel verslavingen en ander dwangmatig gedrag. Iedereen die lijdt aan verslaving of ander dwangmatig gedrag, relatieverslaving, codependentie en verslaving aan middelen als alcohol of drugs heeft te maken met (on)bewuste onderliggende schaamte- en schuldgevoelens. Zo zie je hoe belangrijk het is om deze erg pijnlijke en destructieve blokkades naar de oppervlakte te brengen, zodat je deze gevoelens alsnog kunt doorvoelen, integreren en kunt loslaten zodat je een fijne, gelukkige relatie met jezelf en anderen kunt aangaan.

HOE ONTSTAAT SCHAAMTE?

Nooit door je eigen schuld! Maar wanneer:

- ouders of verzorgers geen tijd voor je hebben als kind. Jou als kind de boodschap geven dat je niet belangrijk voor hen bent;
- je behoeften en gevoelens tegengesproken worden of genegeerd zijn;
- je verteld wordt dat je een dwaas of dom bent. Voor schut gezet of belachelijk gemaakt bent, vooral in het bijzijn van anderen;

- je afgewezen bent geweest. Geïsoleerd bent geweest of weggestuurd bent geweest;
- je enige vorm van lichamelijke, emotionele of geestelijke mishandeling hebt ervaren;
- je ontmoedigd bent, of iemand je verteld dat je een teleurstelling bent;
- wanneer je door anderen te kritisch naar jezelf bent geworden;
- je gepest bent geweest als kind terwijl je te jong was om het te snappen;
- je verteld hebt gekregen: "je zou je moeten schamen" of "ga je schamen!";
- je bang was voor erge straf, wanneer je werd beschuldigd.

Het zijn hardnekkige, pijnlijke gevoelens die mij nog altijd van mijn stuk kunnen brengen wanneer ik ze negeer. Maar wanneer ik de kans aangrijp om contact te maken met de onderliggende bevroren gevoelens, keer ik snel weer terug naar de vreugde en liefde die ik ben. Dit proces werk ik na jaren oefenen steeds sneller door waardoor ik me steeds korter rot hoef te voelen. Wat een verademing. Dat gun ik jou ook! Deze bevroren gevoelens van het innerlijk kind zijn:

- Angst
- Eenzaamheid
- Verdriet
- Je niet gezien, niet gehoord voelen
- Woede
- Machteloosheid
- Hulpeloosheid

- Afhankelijkheid
- De gedachte: ik ben niet belangrijk/ik ben niet goed genoeg/ik ben waardeloos/ik doe alles verkeerd/ik ben dom/lelijk/saai/gewoontjes, etc.

Typische innerlijk kind reacties op situaties zijn:

- Uitspraken met gedachten of woorden waarin ‘nooit’ en ‘altijd’ voorkomen.
- Het kan niet wachten, het moet nu.
- Je handelt gebaseerd op gebeurtenissen uit het verleden.
- Je handelt vanuit verstriktheid met je ouders/opvoeders.
- Zwart-wit denken

Het innerlijk kind heeft naast de typische kindgevoelens ook typische innerlijk kind-kenmerken. Je innerlijk kind is:

- Kwetsbaar
- Onvolwassen
- Onschuldig
- Spontaan
- Speels
- Creatief
- Grenzeloos
- Enthousiast
- Liefdevol
- Fantasierijk
- Imperfect
- Heeft behoefte aan liefde, aandacht en erkenning
- Afhankelijk

En het heeft behoefte aan:

- Onvoorwaardelijke liefde
- Bescherming
- Zich gezien, gehoord, geliefd voelen
- Respect
- Verzorging
- Aanmoediging
- Geduld

Het innerlijk kindwerk kan ons helpen als zelfhelende methode. Op het moment dat je deze methode eigen maakt, kan het jou je leven lang ondersteunen bij alles wat je tegenkomt en waarvan jij het gevoel hebt dat er een overdreven reactie in jezelf plaatsvindt. Of waar een reactie plaatsvindt die je zelf niet kan plaatsen en waarvan je denkt: hoezo reageer ik op deze manier?

Anderzijds is het ook een rouwproces. Het innerlijk kindwerk betekent dat je het innerlijke kind in jou gaat koesteren, dat je gaat zorgen voor alles wat dat kind jou te vertellen heeft en dat je een relatie met hem of haar op gaat bouwen waar je elke dag een beetje aandacht aan geeft. Iedere relatie kost tijd en energie en ook de relatie met je innerlijke kind kost tijd en energie. Je gaat je innerlijke kind op nummer 1 in je leven zetten, altijd. Alles wat je tegenkomt aan onrust en aan oncomfortabele gevoelens ga je durven ondergaan, en je gaat vanuit je volwassen autonome ik je innerlijk kind en je volwassen zelf alsnog geven wat het nodig heeft. Door dit te doen, bouw je alsnog een vertrouwensband op met je innerlijk kind. Het meest belangrijke voor kinderen om te voelen wanneer zij opgroeien is dat zij echt gewenst zijn en geheel geaccepteerd worden voor wie ze zijn, als apart persoon in hun eigen recht. De relatie met een ouder dient oprecht en eerlijk te zijn, niet de soort waar de ouder of volwassene telkens méér hoopt of verwacht van het kind terwijl dit niet realistisch is. Ieder kind heeft het recht om perfect imperfect te zijn! Dit is namelijk wie we als mens in essentie zijn. Perfect imperfect. Dit is waar je jezelf bewust van mag zijn.

Een band met je innerlijk kind opbouwen zal je helpen om de beste versie van jezelf te worden, volledig authentiek en volledig afgestemd op alles wat echt bij jou hoort. Op het moment dat je deze verbinding met jezelf legt, ga je als vanzelf dingen en mensen in je leven aantrekken die ook echt bij jou horen. Het innerlijk kind werk zorgt ervoor dat je niet meer het leven leeft van de mensen om je heen, van je vader, je moeder of de verwachtingen, normen en waarden van de maatschappij, maar dat je echt helemaal gaat leven vanuit wie jij echt bent . Jouw ware zelf staat het dichtst bij de volwassene in jou en deze mag het kind in jou op nummer 1 plaatsen. De allerbelangrijkste persoon maken. Als je dat doet, ben ik ervan overtuigd dat je heel vreugdevol en liefdevol je leven kunt leven!

Ik zei het al eerder, maar je kunt innerlijk kindwerk een beetje zien als een rouwproces. Dat klinkt gek, maar daarmee bedoel ik dat je je realiseert wat je tekort bent gekomen, dat je behoeften niet vervuld zijn in je kindertijd. Door de onderdrukte bevroren gevoelens uit onze jeugd alsnog te doorvoelen, kun je bij dat vrije en blije kind komen dat je ooit was en dat we allemaal oorspronkelijk zijn. Dan kunnen ook het enthousiasme, de speelsheid, de spontaniteit, de fantasie en de krachtige kwetsbaarheid, de onschuld en oprechtheid weer naar boven komen.

Op deze manier komen we uit bij die kern, ons ware zelf, die bron van zelfliefde waar ik het eerder over heb gehad en waar veel mensen in de spirituele wereld het vaak over hebben. Jezelf onthouden van je verslavingen en overlevingsstrategieën en het doorvoelen van de pijn die eronder ligt is als het afpellen van een ui: laag voor laag pel je die af om steeds dichterbij je ware zelf te komen. Hier vind je ook het innerlijk kind terug dat níet gewond is. Het kind, zoals het ooit ter wereld kwam. En hier zie je positieve eigenschappen van dit kind terug, zoals je enthousiasme en creativiteit. In je ware zelf zit ook het vrije en blije kind dat zich verwondert over alles wat het leven biedt en met volle teugen geniet. Dat is toch wat we allemaal willen?

DELENWERK

Het innerlijk kindwerk is verweven met delenwerk, dat ervan uitgaat dat je verschillende persoonlijkheidsdelen in je meedraagt. Ieder mens heeft een innerlijk kind, een autonome volwassene en een innerlijke criticus in zich. Ik zal deze delen straks één voor één bespreken. Naast deze persoonlijkheidsdelen zijn er andere rollen die we vervullen in ons dagelijks leven. Zoals de rol van ouder, werknemer of partner. En ook de overlevingsstrategieën zijn rollen die we spelen, zoals de pleaser, de verslaafde, de harde werker, de perfectionist, de relatieverslaafde, de liefdesverslaafde of de codependent. Hoe al die rollen eruit zien is persoonlijk en dus voor iedereen anders. Je bent dit allemaal en al deze rollen heb je in je leven aangeleerd en horen op dit moment bij jou als persoon.

De verschillende persoonlijkheidsdelen hebben we echter allemaal. En het zijn deze delen - je innerlijk kind, je autonome volwassene en je innerlijke criticus - die in ons leven reageren, beïnvloeden en sturen. Ze wisselen elkaar af in de regie. Zoals eerder gezegd, zijn de overlevingsstrategieën ooit in het leven geroepen om het innerlijk kind te beschermen, maar je zou de strategieën ook als kindsdelen kunnen zien. Het zijn mechanismen die je ergens in je leven hebt ontwikkeld, vaak op jonge leeftijd, om je te kunnen helpen om te gaan met gevoelens die pijnlijk waren. Vaak wisselen de bovengenoemde vier persoonlijkheidsdelen binnenin jezelf elkaar af: of je zit in een overlevingsstrategie, of je zit in je innerlijke kind, in je innerlijke criticus, of in je volwassen autonome zelf. Eén van de delen heeft altijd de regie. Welk deel dat is verschilt van moment tot moment. Het doel is om uiteindelijk de volwassene de leiding te geven aan alle andere delen. De andere delen hoeven dus niet weg, maar je kunt ze minder macht geven wanneer je erachter komt dat ze naast de positieve intentie ook een negatieve consequentie hebben.

Soms kan het zijn dat een persoonlijkheidsdeel onvoldoende ruimte krijgt of juist veel te veel ruimte inneemt in je leven. Bij delenwerk brengen we de delen in balans en laten we sommige delen groeien en andere delen juist afnemen. Wanneer die balans er is, dan heeft jouw volwassen autonome zelf de leiding over alle andere delen in jou. Dat is waar we uiteindelijk naartoe werken, om het volwassene autonome deel in jou de regie te gaan geven over al die delen, al jouw verschillende 'ikken'. Je kunt je volwassen autonome zelf zien als een dirigent die al zijn orkestleden door een bewogen stuk muziek heen leidt en daarbij het overzicht en de balans behoudt. Op het moment dat één van de delen jou als dirigent van het podium stoot en een ander deel het overneemt, ontstaat er onrust en disbalans. Dat gebeurt wanneer jouw volwassen autonome zelf van de troon wordt gestoten. Delenwerk is erg geschikt om te gebruiken bij kritische gedachten, maar ook bij dilemma's of andere innerlijke conflicten. Het is dan ook uitermate geschikt om mee te werken in het doorbreken van relatieverslaving, liefdesverslaving en codependentie.

Stap 1 vormt daarin altijd: observeren welk deel op welk moment actief is in je leven en je daar bewust van worden. Want alleen dat waar je je bewust van bent, kun je veranderen. Als je weet dat er een overlevingsstrategie aan het roer staat, dan weet je ook dat daar een oude pijn, je innerlijke kind, aan ten grondslag ligt dat je onbewust niet wilt voelen. Dit is dan ook de basis van je herstel. Je gaat leren om je volwassen autonome zelf de taak te geven om voor het kind in jou te zorgen in plaats van een overlevingsstrategie in te zetten. Dat je het volwassen autonome deel voor het innerlijke kind en al zijn behoeften, wensen, en pijn laat zorgen is de bottom line van het herstel en helingsproces. Dat klinkt waarschijnlijk best logisch en misschien zelfs makkelijk, maar dat is het niet. Toch is het zeker niet onmogelijk als je de thematiek snapt. Als je het proces in eerste instantie met een therapeut doorloopt die je helpt je eigen blinde vlekken te herkennen, wordt het erna steeds makkelijker om het in je eentje te doen. Wanneer je een liefdevolle relatie hebt met je innerlijk kind en het te alle tijden op nummer 1 hebt staan en het echt geeft wat het nodig heeft, is het onmogelijk om terug te vallen in relaties die meer leed dan liefde brengen.

Het besef dat iedereen reageert, voelt en handelt vanuit meerdere persoonlijkheidsdelen is voor mij de ultieme *eyeopener* geweest in mijn proces. PRI-therapie leerde mij het verschil tussen reageren vanuit een volwassen bewustzijn en een kind bewustzijn. Wat een overweldigend inzicht was dat! Helaas was het alleen doorvoelen van de oude pijn van mijn innerlijk kind niet genoeg om echt vanuit vreugde en liefde te kunnen leven. De ontbrekende schakel daarin was mezelf geven wat ik nodig had vanuit mijn volwassen autonome zelf, maar ook het ervaren van het ware zelf door middel van ademwerk. Een prachtig proces wat mijn leven lang zal voortduren. Het kleine meisje in mij, dat zich manifesteert in vele gedaantes, vormen en leeftijden, is naast mijn eigen dochter het allerbelangrijkst in mijn leven. Zolang ik haar op nummer 1 zet, in contact met haar sta en echt naar haar luister, zal er nooit meer iemand zijn die mij structureel pijn doet. Laten we samen kijken naar de persoonlijkheidsdelen die we allemaal in ons meedragen.

INNERLIJKE CRITICUS

De innerlijke criticus is een specifieke overlevingsstrategie die heel streng en kritisch is. Hij wil dat je je aanpast aan de normen en waarden van anderen. Dat kunnen je ouders zijn, je vrienden, collega's of de maatschappij. Wiens waarden en normen het ook zijn, ze komen vaak voort uit jouw achtergrond. Vaak is het een strenge ouder waarvan jij denkt dat het jouw stem is. Het is jouw ervaring met een strenge vader, moeder of misschien leraar, die zich geïnternaliseerd heeft. De innerlijke criticus wil dat je niet zeurt, die geeft jou de schuld van alles, die vindt dat je perfect moet zijn, die vindt dat je het niet goed genoeg doet, dat het anders moet, dat het beter moet.

Net als alle andere overlevingsstrategieën heeft hij het beste met jou voor. Hij beschermt je tegen afwijzing. Als jij maar perfect bent en het beter doet, dan hoef je geen contact te maken met het gevoel van ontoereikendheid dat misschien diep van binnen in je leeft. Daarom blijf je maar streven om het beter te doen. Daarnaast is het makkelijker om jezelf af te wijzen, dan te erkennen dat je misschien niet altijd hebt gekregen wat je nodig hebt.

De innerlijke criticus kan best ingewikkeld zijn om te herkennen. Maar het is wel belangrijk dat je hem gaat herkennen omdat hij eigenlijk heel destructief is, ondanks dat hij in essentie het beste met je voor heeft. Omdat het nooit goed genoeg voor hem is, ondervind je door middel van dit deel misschien geen afwijzing van anderen, maar wijs je wel jezelf af. Als je met de innerlijke criticus aan de slag gaat door middel van therapie, kom je daarachter en ga je leren op een liefdevollere manier jezelf te beschermen.

Zoals gezegd, zijn je overlevingsstrategieën behulpzaam geweest in je jeugd. Maar vandaag de dag, als volwassene, heb je er vaak meer last van dan dat ze nog behulpzaam zijn. Het is belangrijk om je te realiseren dat we ons vaak niet eens bewust zijn van het feit dat het overlevingsstrategieën zijn! Meestal hebben we het gedrag van onze strategieën zo eigen gemaakt dat we ons er volledig mee identificeren. Hetzelfde geldt voor de kindgevoelens waarmee je geconfronteerd wordt op het moment dat je geraakt wordt. Of wanneer je contact maakt met gevoelens van angst, eenzaamheid, verdriet, leegte en gedachten, zoals "Ik word niet gezien" of "Ik word niet gehoord".

INNERLIJKE CRITICUS

- Kritisch
- Streng

En spreekt je toe met gedachten als:

- Je doet het niet goed
- Het is je eigen schuld
- Stel je niet aan
- Niet zeuren
- Pas je aan
- Wees perfect

HET VOLWASSEN AUTONOME ZELF

We kunnen ons op een liefdevolle manier beschermen als we gaan handelen vanuit ons volwassen autonome zelf. Dit deel is onderdeel van je persoonlijkheid dat je ontwikkeld hebt. Het is geen overlevingsstrategie, maar het meest authentieke deel van jezelf. Het heeft zich ontwikkeld door liefde, aandacht, ondersteuning en aanmoediging, en is sterk verbonden en verweven met het ware zelf. Dit deel staat het dichtst bij het ware zelf, maar is niet het ware zelf. Het ware zelf is het spirituele deel, de ziel, de bron, de kern, terwijl het volwassen autonome deel meer het aardse deel is.

Bij de één is het volwassen autonome zelf goed ontwikkeld en staat die het grootste deel van de tijd aan het roer. Je zou kun-

nen zeggen dat wanneer je je lekker voelt, wanneer je in balans bent, wanneer je blij bent en je overzicht hebt, dat het volwassen deel de regie heeft. Terwijl op het moment dat je angstig bent of je alleen of leeg voelt, het innerlijk kind aan het roer staat. Op het moment dat je kritische stem zich laat horen, naar jezelf of naar een ander, pakt de innerlijke criticus de regie.

Kenmerkend voor het volwassen autonome zelf is dat het zich verantwoordelijk voelt voor zichzelf, maar niet overmatig voor de ander en het weet dat dingen kunnen wachten. Het innerlijk kind daarentegen heeft de neiging te handelen vanuit korte termijn bevrediging, iets wat ook heel erg hoort bij verslavingsgedrag: ik wil het nu! Dat is in wezen peutergedrag. Je kunt je eigen gedrag onderzoeken en je steeds afvragen: bij wie hoort dit gedrag? Zit ik nu in mijn volwassen autonome zelf of schiet ik nu in een kindstuk? Kan dit wachten tot morgen of moet het nu? Dat zijn hulpmiddelen om te onderzoeken vanuit welk persoonlijkheidsdeel je op dat moment handelt en welk deel de regie heeft in jouw leven.

Het volwassen autonome zelf kan een verbinding ervaren met spiritualiteit, al hoeft dit niet. Niet iedereen heeft iets met spiritualiteit, maar veel mensen wel. Een andere zelfhelende techniek, Transformational Breath® ademwerk, die ik ook bespreek in het laatste hoofdstuk over zelfhelende technieken, heeft mij daadwerkelijk laten ervaren wat het ware zelf is. De bron van liefde, vreugde en licht die we in essentie allemaal zijn, maar die we vergeten zijn door wat we er tussen plaatsen. Oude kindpijn, overtuigingen en overlevingsstrategieën. Daar is niets zweverig aan. Als je eenmaal contact hebt gemaakt met je ware zelf, de imprint ervan hebt ervaren, zal je steeds vaker terug kunnen keren naar dit ware zelf. En vanuit liefde en vreugde kunnen leven.

HET VOLWASSEN AUTONOME ZELF:

- Heeft overzicht
- Is liefdevol
- Ervaart vreugde
- Is krachtig
- Is in balans
- Is onafhankelijk
- Is aanwezig in het hier en nu
- Handelt vanuit het hier en nu — dus niet vanuit een oude pijn, valse hoop of een Negatieve overtuiging of verwachting
- Is verantwoordelijk voor zichzelf
- Kan wachten
- Staat het meest dichtbij het ware zelf
- Voelt verbinding met zichzelf, de ander en soms ook met het spirituele

Volwassen Ik / liefdevolle ouder

Als je deze kenmerken en eigenschappen ziet, kun je dan voelen in welke gebieden in jouw leven je volwassen autonome zelf aan het roer staat? Kun je ook een inschatting maken van hoeveel procent jouw volwassen autonome zelf aan het roer staat? Het is enerzijds een momentopname, maar anderzijds is het goed om te inventariseren, zodat je over een tijdje nog eens kunt meten hoe het dan voor je voelt.

Het volwassen autonome zelf kan op verschillende manieren voor je zorgen en je helpen jezelf te geven wat je nodig hebt op dat moment. Soms is dit zachtheid, zorgzaamheid en kwetsbaarheid. Andere keren is het liefdevol, maar daadkrachtig, oplossingsgericht en gefocust zijn. Deze manieren kun je ook zien als eigenschappen van een innerlijke vader of moeder. Dit zijn geen losstaande persoonlijkheidsdelen, maar manieren die het volwassen autonome zelf kan inzetten om het kind in jou de zorg te geven dat het nodig heeft. Ook al heb je zelf misschien geen liefdevolle vader of moeder gehad, je innerlijke vader of moeder mag je zelf vormgeven. Wat is de zorg die je graag had willen krijgen als kind? Hoe zou jouw liefdevolle vader of moeder eruit zien? Om je een idee te geven, de innerlijke vader heeft bijvoorbeeld:

Innerlijke vader

- Overzicht
- Daadkracht
- Oplossingsgerichtheid
- Liefdevol vanuit mannelijke energie
- Focus
- Kracht
- Assertiviteit
- Onafhankelijkheid
- Bescherming

Innerlijke moeder

De innerlijke moeder heeft andere kwaliteiten. Zij is bijvoorbeeld:

- Zorgzaam
- Zacht
- Kwetsbaar
- Liefdevol vanuit vrouwelijke energie
- Krachtig
- Wijs
- Compassievol
- Moedig
- Warm

En dan nu aan het werk!

5-STAPPENMETHODE VAN LEED NAAR LIEFDE

Er zijn verschillende methoden om te werken met en te zorgen voor je innerlijk kind. Een van die methoden is de 5-stappenmethode, waarmee je in 5 stappen je verslavende relatiepatronen gaat doorbreken. Hierbij ga je je overlevingsstrategie ontmantelen en vanuit het volwassen autonome zelf je innerlijk kind geven wat het nodig heeft. Je stelt jezelf vragen en maakt contact met je onderliggende gevoelens, en hierdoor als vanzelf met het innerlijk kind en zijn of haar pijn. In dit proces ontkoppel je de pijn van het hier en nu en verbind je deze aan de pijn die je in het verleden hebt gevoeld. Doordat je vanuit je volwassen autonome zelf contact maakt met die ervaringen die ervoor zorgen dat je terugvalt in het aanpassen, pleasen, controlegedrag, verantwoordelijkheden overnemen of overmatig zorgen voor een ander (codependent gedrag), kan je anders gaan kijken naar de situatie in het hier en nu. Zo krijg je de kans om op een andere manier, een liefdevollere manier, te reageren. Vaak zijn aan pijnlijke ervaringen in je jeugd belemmerende overtuigingen gekoppeld, zoals:

"Ik kan het niet", "Ik ben niet oké" of "Ik doe er niet toe".

Door contact te maken met wat er is gebeurd in je kindertijd kun je je ervan bewust worden dat je oude overtuigingen en gevoelens die je met je meedraagt, ervoor zorgen dat je je als volwassene vanuit deze oude overtuigingen en gevoelens gedraagt. Vanuit je volwassen bewustzijn kun je deze patronen en gevoelens vervolgens herkennen, doorvoelen en loslaten, zodat je vanuit liefde voor jezelf in een relatie met een ander kunt zijn, zonder jezelf te verliezen. Het is niet de bedoeling dat je in het verleden blijft hangen, maar juist dat je met je volwassen lichaam je kindgevoelens alsnog doorvoelt, integreert en loslaat.

Deze gevoelens heb je als kind onderdrukt omdat ze te pijnlijk waren. Nu ben je volwassen en kun je het aan. We hoeven ze niet op te zoeken door in het verleden te duiken, maar wanneer deze gevoelens zich toch al aandienen in het hier en nu, dan is het een gemiste kans als je er niets mee doet.

STAP 1. De eerste vraag die je jezelf stelt is: wat is de trance? Wat is de strategie die nu regeert? Ga echt even op de rem staan en vraag jezelf af: wat gebeurt er? Wat ben ik aan het doen? Ben ik aan het pleasen, me aan het aanpassen, aan het controleren? Je probeert er door middel van deze vragen achter te komen welke overlevingsstrategie op dat moment aan het werk is en hoe je hieruit kunt stappen. Inventariseer voor jezelf van welk gedrag jij last hebt. Wanneer dit helder voor jezelf is, wees je dan bewust van dit gedrag (alarmbel). Bijvoorbeeld wanneer je merkt dat de behoefte om je aan te passen zich aandient. Maak de commitment naar jezelf om eruit te stappen. Op het moment dat je uit de trance stapt, stap je eigenlijk terug in je volwassen deel. Het is alsof je in een helikopter stapt en de situatie bekijkt van bovenaf. Het kan ook zijn dat de trance zo sterk is dat je er niet bewust van bent dat je in de trance zit. Je kunt dan evengoed later, wanneer je voelt dat je er weer uit bent, de stappen alsnog volgen en je wel verbinden met het moment dat je in de trance zat.

STAP 2. De tweede vraag die je jezelf stelt is: wat komt er op me af? Via deze volgende stap probeer je erachter te komen wat er op je afkomt als je niet toegeeft aan dit gedrag, aan deze strategie. Op het moment dat je je strategie hebt herkent in stap 1, bijvoorbeeld je please-gedrag, maak je pas op de plaats, stap je in je helikopter en bekijk je de situatie. Je bent dan eigenijk al gestopt met het pleasen, je geeft er niet aan toe. Maar welke gevoelens komen er dan op je af? Dat kunnen gevoelens zijn van angst, bijvoorbeeld, angst voor afwijzing of de angst dat iemand boos op je wordt of je niet meer aardig vindt. Je kunt de gedachte hebben: als ik deze persoon niet tevreden stel, dan vindt hij me misschien stom of niet meer lief, of krijgen we ruzie. Dat soort angsten kunnen naar boven komen bij deze stap. Dit is maar een voorbeeld, het kan natuurlijk van alles zijn. Je hebt nu helder welk gevoel eronder zit en maakt contact met de fysieke sensaties die bij dit gevoel horen. Je scant je lichaam af en onderzoekt welke sensaties je kunt ontdekken. Bijvoorbeeld spanning in je nek of schouders, een knoop in je buik, een brok in je keel of iets anders. Sta een moment stil bij deze fysieke gevoelens.

Bovenstaande beschrijving gaat over overlevingsstrategieen die voortkomen vanuit onze 'vechtmodus'. Daarbij stop je met de beweging naar voren te maken en onderzoek je welke gevoelens zich aandienen. Bij de overlevingsstrategieën die voortkomen uit de vluchtmodus werkt dit andersom. Voorbeelden hiervan zijn vluchten, vermijden en uitstellen. Dit is bindingsangst-gedrag. Hier moet je juist de beweging naar voren maken om te onderzoeken welke spanning, welke kindpijn, hieraan ten grondslag ligt. Je blijft bijvoorbeeld in het contact en onderzoekt welke spanning dit teweeg brengt. Of je gaat toch aan het werk terwijl je echt niet wilt. Je maakt als het ware een tegenovergestelde actie en onderzoekt wat er daardoor op je afkomt.

Mocht je als reactie op een trauma bevriezen, is het belangrijk dat je je veilig genoeg voelt om de gevoelens toe te kunnen laten, zodat ze kunnen ontdooien. Deze gevoelens zitten vast in je lichaam en kunnen bijvoorbeeld door verbonden ademwerk in beweging gebracht worden, zodat de gevoelens alsnog doorvoeld, geïntegreerd en losgelaten kunnen worden. Regelmatig zet ik het ademwerk in wanneer ik bevroren gevoelens tegenkom. Zodra je leert hoe je een emotionele blokkade kunt loslaten, verdwijnt de geblokkeerde energie uit je lichaam. Er zit dan niets meer in je vast. Om te kunnen ontdooien is naast veiligheid, liefde en warmte nodig. Elke keer dat je geraakt wordt, heb je dus de kans om oud zeer los te laten. Wees de ander, situatie of gebeurtenis hier dankbaar voor. Warmte, maar ook zelfliefde, compassie en mededogen helpen je om gevoelens te kunnen ontdooien. Dan kun je door naar stap 3.

STAP 3. De derde vraag die je jezelf gaat stellen is: waar raakt dit gevoel aan? Waar komt het vandaan? Waar en wanneer in mijn leven heb ik deze gevoelens eerder gevoeld? Dit kunnen gevoelens zijn van angst voor afwijzing of angst voor boosheid, beklemming of iets anders. Je hoeft hier niet over na te denken. Je bewustzijn laat de herinneringen gewoon verschijnen. Jij hoeft alleen aanwezig te zijn en vanuit de helikopter mee te kijken naar wat zich aandient. Als je deze eerdere gebeurtenissen uit je leven kunt aanschouwen, dan komen er vaak beelden, gedachten of gevoelens naar boven. Dit kunnen geluiden, gevoelens, beelden of geuren zijn. Deze komen van het kleine meisje of de kleine jongen in jou. Je ziet jezelf in een bepaalde situatie. Misschien in de tuin of bij je moeder thuis in de huiskamer, waar dan ook. Deze herinneringen komen als vanzelf naar boven en de situatie waar je je toen in bevond. De gedachten en gevoelens die je toen voelde, is hetgeen dat je probeert te ontvluchten door in het hier en nu het gedrag van je strategie in te zetten. Bijvoorbeeld het please-gedrag. Het kan ook zijn dat je geen beeld ziet, maar alleen gevoelens ervaart. Of dat een andere strategie zich aandient, die jou alsnog probeert te beschermen voor de gevoelens die omhoog komen. Deze strategie kun je dan buiten jezelf plaatsen, maar dat is niet eenvoudig als je dit nooit eerder onder begeleiding hebt gedaan. Wanneer je het ontmantelen van een strategie wat vaker onder begeleiding hebt doorlopen, wordt het steeds makkelijker en weet je precies wat je kunt doen om toch in verbinding te blijven met de onderliggende gevoelens.

STAP 4. Op het moment dat je contact probeert te maken met dat verleden, kun je door naar de vierde stap en jezelf de volgende vraag stellen: hoe gaat het met je? Hoe voel je je? Emotioneel maar ook fysiek. Kun je bepaalde lichamelijke gevoelens herkennen? Zweethanden, je hart dat razendsnel klopte, spanning in je spieren? Als je daar eenmaal bent, ben je bij de wond aangekomen.

Schrijf nu de volgende zin op (doe dit met je rechterhand als je rechtshandig bent en met links als je linkshandig bent.)

Lieve kleine……. (vul hier je naam in),

Ik zie dat je je bang/boos/blij/bedroefd/eenzaam voelt…

Schrijf vanuit je volwassen autonome zelf en benoem de gedachten en gevoelens die je waarneemt en geef hier erkenning aan.

- Wat zijn jouw gedachten?
- Wat voel je?
- Waar voel je iets in je lijf?

Vraag wat de kleine in jou nodig heeft. Wees je ervan bewust dat dit kindgevoelens zijn.

- Wat heb je nodig?
- Kan ik dit aan hem of haar geven?

Schrijf nu vanuit je innerlijk kind naar je volwassen zelf.

Lieve grote ..... (vul hier je naam in),

Wat fijn dat je naar me luistert. Ik voel me inderdaad......Ik zou heel graag willen dat......

Doe dit met je linkerhand als je rechtshandig bent, en met je rechterhand als je linkshandig bent. Wissel de rollen zo vaak om als jij denkt dat nodig is om al je gevoelens te uiten en te zorgen voor het kind in jou. Voel zelf wanneer het genoeg is. Eindig altijd vanuit je volwassen autonome zelf met schrijven. De volwassene in jou heeft het laatste woord. Geef eventueel tips en adviezen of laat de kleine in jou simpelweg weten dat je er voor haar/hem bent en op welke manier.

Wanneer het schrijven met links of rechts niet lukt en het proces stagneert, kun je er ook voor kiezen om van stoel te wisselen, of een moment te nemen en je te verbinden met je volwassen deel en daarna met je kindsdeel, en weer terug. Zorg dat je altijd eindigt vanuit de volwassene, zodat je niet blijft hangen in kindgevoelens, maar je dag weer kunt vervolgen vanuit je meest krachtige deel. [7]

7) Het schrijven met het innerlijk kind met rechts en links komt van John Bradshaw, een pionier op het gebied van innerlijk kindwerk.

STAP 5. Dan is de vijfde laatste stap: wat heb ik nu nodig? Wat heeft dat kleine meisje of die kleine jongen in de situatie in het hier en nu nodig? Dat ga je nu alsnog aan jezelf geven. Dit is essentieel. Op deze manier kun je gaan zorgen voor je innerlijke kind. Door in het hier en nu alsnog erkenning te geven aan haar of zijn pijn en verdriet, die alsnog te doorvoelen en door te geven wat het nodig heeft. Zo kun je je innerlijk kind alsnog de zorg en liefde geven dat het nodig heeft. Nu je de strategie hebt ontmanteld, zie je dat een oude situatie de aandrijver is voor je gedrag in het hier en nu. De volgende vraag is nu: wat kun je jezelf in het hier en nu geven aan ondersteuning? Hoe kun je het bange kind helpen om voortaan in dezelfde situatie op een andere manier te reageren in plaats van te kiezen voor de strategie. In plaats van te pleasen, kun je je gaan uitspreken, je grens aangeven of je behoefte en wensen uitspreken. Dit is natuurlijk hartstikke spannend, maar dit kun je samen met de volwassene in jou prima aan. Je bent aangekomen bij de stap om comfortabel te worden met het oncomfortabele.

Belangrijk bij het zorgen voor je innerlijke kind, is dat je deze stappen steeds gaat herhalen. Elke keer wanneer je je rot voelt, bevriest, vecht of vlucht, please-gedrag vertoont of ander codependent gedrag zich aandient, en je dit gedrag waarneemt, je weet dat er innerlijk kindwerk te doen is, weet je dat je mag zorgen voor de kleine in jou. Mocht je ondersteuning nodig hebben, zorg dan dat je iemand vindt die ervaring heeft bij het ontmantelen van overlevingsstrategieën en niet alleen met het innerlijk kindwerk. Wanneer je dit proces vaker begeleid hebt doorlopen, wordt het steeds makkelijker om vanuit het volwassen autonome ik te reageren.

Elke keer wanneer je een strategie bij jezelf waarneemt, ga je deze ontmantelen door contact te maken met je onderliggende gevoelens. Op deze manier sla je een brug naar het verleden, en wanneer je daar bent aangekomen, kijk je hoe je jezelf datgene kunt geven wat je nodig hebt. Zowel in het heden als in het verleden. Uiteraard kun je het verleden niet uitwissen, maar je kunt wel compassie en liefde voelen voor wat je is overkomen. Wat ook kan, is dat je de bevroren gevoelens of gevoelens die onderdrukt waren en nooit eerder gevoeld zijn, alsnog doorvoelt, integreert en loslaat. Dit is een prachtig zelfhelend proces, waardoor je steeds meer vanuit liefde en vreugde je leven kunt leven.

Je gaat hier dagelijks naar je beste kunnen mee aan de slag. Door elke dag contact te maken met je innerlijk kind, bouw je een relatie met hem of haar op. Elke relatie kost tijd om te groeien, dus ook de relatie met je innerlijk kind. Het is het meest effectief om dit werk in te zetten als een strategie zich aandient, omdat het makkelijker is om contact te maken met je innerlijk kind, aangezien dat al is aangeraakt. Dat is waarom je je strategie inzet. Natuurlijk zijn er ook situaties waarin je het innerlijk werk niet meteen kunt inzetten, bijvoorbeeld als je aan het werk bent of als er iets anders van je wordt verlangd. Je kunt dan een notitie maken en een ander moment nemen om te onderzoeken wat er gebeurde.

Vaak zijn we pas bereid om dit soort methodes toe te passen en het werk te verrichten dat daarbij hoort als het al goed mis is gegaan. “When the shit hits the fan”, zoals ik vaak zeg, maar dan is het vaak al te laat. Je kunt er beter voor zorgen dat je al in contact bent met je innerlijk kind en een relatie hebt opgebouwd, zodat het makkelijker is om ook dat contact aan te gaan wanneer het echt nodig is.

Om je een voorbeeld te geven van hoe schrijven met je innerlijk kind eruit kan zien, deel ik hier een van mijn eigen dialogen van een aantal jaren geleden. Ik hoop dat dit de drempel om het uit te proberen misschien iets lager zal leggen!

Lieve kleine Claudia

Ik ben er voor je, en ik denk en voel graag met je mee. Huil maar even. Het mag eruit. Je hoeft niets meer weg te slikken en je hoeft ook niet meteen door.

Geef het kind ruimte om te voelen en emotie te uiten.

Lieve grote Claudia

Ik voel me ontzettend alleen en de tranen stromen over mijn wangen en ze stoppen niet. Het voelt alsof ik alle beslissingen in mijn leven altijd alleen moet maken. Bij de opvoeding van mijn dochter, maar ook bij alle beslissingen die ik moet nemen op andere gebieden in mijn leven. Nu bijvoorbeeld bij zoiets groots als een eigen bedrijf starten, had ik graag wat emotionele support gehad. Dat er iemand met me mee zou denken wat de beste manier is om vanuit loondienst naar het zelfstandig ondernemerschap te gaan. Maar ook om het plezier mee te delen dat dit mijn verlangen is en dat ik die stap wil zetten.

Geef het kind ruimte om te voelen.

Lieve kleine Claudia,

Ik ben er voor je en ik denk en voel graag met je mee. Huil maar even. Het mag eruit. Je hoeft niets meer weg te slikken en je hoeft ook niet meteen door.

Wat ik denk te horen, is dat je het nodig hebt dat er een volwassen iemand is die het plezier van het starten van je eigen bedrijf met je deelt. Klopt dat?

Volgens mij heb jij genoeg lieve mensen om je heen die jou zouden willen helpen, maar ze komen niet vanzelf aan de deur kloppen. Je mag je verlangens uitspreken en om hulp vragen. Ze moeten namelijk wel weten dat jij dit verlangen hebt! Ik kan me voorstellen dat de meeste mensen om je heen denken dat jij hier helemaal geen behoefte aan hebt, dat je het allemaal wel weet. Je bent niet alleen en ik wil je heel graag helpen om samen met jou te kijken wie we daarbij willen hebben. Met wie jij het proces van het opstarten van een eigen bedrijf wilt doorlopen.

Lieve grote Claudia,

Fijn dat je een aantal praktische oplossingen aandraagt en ik even mocht huilen maar er is nog meer. Ik belde iemand op om mijn enthousiasme te delen en diegene zag alleen maar beren op de weg en zei dat ik beter in loondienst kon blijven waardoor ik me ineens heel verdrietig en alleen voelde. Ik zou zo graag willen dat iemand eens tegen me zou zeggen: "jeetje wat goed dat je dat durft! Wat goed dat jij je dromen durft na te jagen".

Lieve kleine Claudia,

Ik weet dat je moeder altijd wilde dat je voor zekerheid ging, maar je hoeft niet meer te leven naar de overtuigingen en angsten van je ouders. Ze bedoelden het vast heel goed maar nu ben jij volwassen en kun je zelf kiezen. Jij kunt zelf je beslissingen maken en ik vind het ontzettend cool dat jij die stap durft te zetten om voor jezelf te beginnen. Ik ondersteun je daar dolgraag bij. Misschien is het een idee om wat voorzichtiger te zijn bij het uitkiezen van mensen aan wie je om ondersteuning vraagt. Leg je vragen en verlangens niet neer bij mensen waarvan jij misschien van tevoren al weet dat je de deksel op je neus krijgt. Ik zeg altijd: 'Haal je brood bij de bakker en niet bij de slager.' Laten we contacten gaan leggen met mensen die ook vanuit loondienst een eigen praktijk zijn gestart en jou op een positieve manier kunnen ondersteunen of bel die ene lieve vriendin van die altijd zegt dat je alles kunt bereiken als het verlangen van binnen uit komt.

Heb je al zin om zelf met je innerlijk kind in gesprek te gaan? Begin dan eerst met deze opdracht.

Overlevings strategie

- Pleasen
- Hard werken / presteren
- aan verwachtingen voldoen
- masker op
- Gevoelens negeren
- Perfect zijn
- controle
- verantwoordelijk voor anderen
- manipuleren
- ander op voetstuk plaatsen
- Valse hoop
- Romantisch plaatje vasthouden

Innerlijke kind

- Bang
- Eenzaam
- Verdrietig
- Niet gezien / gehoord
- Boos
- "Ik ben niet belangrijk"
- "Ik ben niet goed genoeg"
- "Ik ben waardeloos"
- Onmachtig
- Afhankelijk
- Kiest voor korte termijn bevrediging

Criticus / niet liefdevolle ouder

- Kritisch
- Streng
- Je doet het niet goed!
- Eigen schuld!
- Stel je niet aan!
- Niet zeuren!
- Pas je aan!
- Wees perfect!

Volwassen Ik / liefdevolle ouder

- Overzicht
- Verantwoordelijk
- Liefdevol
- Krachtig
- Aanwezig in hier en nu
- Handelen in hier en nu
- Kiest voor bevrediging op lange termijn
- Is verbonden met ware zelf

OPDRACHT 7

Kies een strategie waar je last van hebt en waar je mee wilt stoppen. Committeer je hieraan door een *bottom line* te stellen. Een bottom line is een heldere grens. Bijvoorbeeld:

Ik stop met pleasen.

Ik stop met controleren.

Ik stop met vermijden.

Ik stop met vluchten.

....

....

....

....

....

....

....

Maak het zo specifiek mogelijk en vraag jezelf af: op welke manieren please ik of manage ik anderen? Wees waakzaam op een eventuele trance die zich zou kunnen aandienen. Zet de 5-stappenmethode in zodra je ervaart dat je wilt kiezen voor de strategie. Ook wanneer de trance het toch even heeft overgenomen, kun je achteraf innerlijk onderzoek doen en de stappen alsnog doorlopen.

6.

DE 15 FASEN VAN HELING EN HERSTEL

"The only way out is in."

Het kan zijn dat het je inmiddels een beetje duizelt. Van alle informatie die op je af is gekomen, en misschien wel omdat je te weten bent gekomen dat je toch echt met jezelf aan de slag zal moeten gaan als je wilt dat er iets fundamenteel verandert. Dat er geen quick fix bestaat, maar dat je in plaats daarvan bij jezelf naar binnen zal moeten gaan en dat je gaat werken met wat je tegenkomt. Pas dan zullen de schellen van je ogen vallen en zal je met een andere blik en houding de wereld tegemoet treden: eerlijker en oprechter. Krachtig in je eigen kwetsbaarheid.

Gelukkig hebben we alle 'theorie' nu gehad! Bovendien ken je nu één van de belangrijkste methoden die je in kunt zetten op je pad van heling en herstel: het innerlijk kindwerk. In dit hoofdstuk zal ik het hele proces, mijn methode van heling en herstel, dat je tussen de regels door al hebt meegekregen in de vorige hoofdstukken, nog een keer van begin tot eind toelichten. Dit zijn de 15 fasen van herstel en de 10 stappen die je moet zetten, voordat je aan deze 15 fasen kunt beginnen. Schrik niet van deze aantallen, het meest weet je al! Door het allemaal nog een keer te horen, onderverdeeld in fasen, ga je het nog meer in je opnemen en weet ik zeker dat je na dit hoofdstuk weet wat je te doen staat.

Misschien is het je opgevallen dat ik het steeds heb over het pad van heling en herstel. Misschien heb je je afgevraagd waarom ik zowel heling als herstel noem, want is dit niet ongeveer hetzelfde? Het heeft zeker met elkaar te maken, maar er zit een klein verschil in. Herstellen doe je door oude patronen los te laten en nieuw gedrag aan te leren. Heling vindt plaats wanneer je oude wonden doorvoelt, integreert en loslaat.

In wezen vinden beide processen dus tegelijkertijd plaats: je herstelt van oude patronen en gedragingen en je heelt de onderliggende wonden. Voor ik de 15 fasen van herstel uitleg, zal ik eerst beide begrippen uitleggen om dit helder te krijgen.

HELING

Heling komt van het Engelse woord *healing* en betekent letterlijk 'heel worden' of 'genezing'. Dit kan op diverse manieren plaatsvinden: fysiek, mentaal, emotioneel en spiritueel. Wanneer je lijdt aan verslavende relatiepatronen, ben je vanwege het hoge stressgehalte vatbaarder voor aandoeningen. Zowel psychisch als fysiek. Zelf heb ik als gevolg van een destructieve relatie met een narcistische, actieve alcoholist een auto-immuunziekte ontwikkeld: de Ziekte van Graves. De stress, die deze relatie teweegbracht, kon mijn systeem niet aan waardoor mijn lichaam zichzelf is gaan aanvallen.

Mentale heling wil zeggen dat je negatieve overtuigingen transformeert naar positieve overtuigingen. Verslavende relaties versterken de negatieve overtuigingen over jezelf. Je raakt steeds meer teleurgesteld in jezelf dat het maar niet lukt om de relatie te laten werken of de relatie te verbreken. In sommige relaties wordt je eigenwaarde door mentale, emotionele mishandeling volledig afgebroken. In herstel kun je hiervan helen.

Emotionele heling wil zeggen dat je verdriet of oud zeer alsnog doorvoelt, integreert en loslaat. Wanneer een relatie verbroken wordt of je stopt met het uitleven van je overlevingsstrategieën, kom je in contact met een proces van rouwverwerking. Maar ook met de oude wonden die je zo lang onderdrukt hebt met je strategieën. Wanneer je ze toe kunt laten en alsnog kunt doorvoelen, vindt er heling plaats.

Spirituele heling wil zeggen dat er energetische heling plaatsvindt door je chakra's in je energielichaam te optimaliseren. Dit doe je door gezond te leven maar ook door alle andere bovengenoemde gebieden te helen. Je energetisch lichaam is een afspiegeling van je algehele gezondheid. Wanneer er blokkades zijn, stagneert de energiestroom in je lichaam en gaan je chakra's - de energetische, draaiende wielen; een soort knooppunten waar energiestromen samenkomen en verder stromen - langzamer draaien. Hoe fitter en vitaler je bent, des te sneller ze draaien. Dit betekent dat wanneer je loskomt van relaties die meer verdriet dan vreugde brengen, je je automatisch fitter en vitaler zult voelen.

Een andere mooie uitleg voor heling vind ik die van Ingeborg Bosch. Het kwam al naar voren in hoofdstuk 4, maar zij stelt dat je wordt geboren met een ongedeeld bewustzijn. Door traumatische ervaringen of situaties die pijn doen als kind, splitst het bewustzijn zich in drieën waardoor het bewustzijn niet meer heel is, maar opgedeeld in een volwassen bewustzijn, een laag van afweer en een kindbewustzijn. Dit leidt ertoe dat je soms reageert vanuit het kind, soms vanuit de afweer en soms vanuit de volwassene. Wanneer je oude pijn doorvoelt, ga je steeds meer tijd doorbrengen vanuit het volwassen bewustzijn en kun je langzaam de afweer loslaten, en met toewijding werken aan een ongedeeld bewustzijn.

Een mooi ezelsbruggetje om het proces van heling samen te vatten is:

HEAL:

Herkennen

Erkennen

Accepteren

Loslaten

Helen doe je dus onder andere door middel van het innerlijk kindwerk, ademwerk of een andere voor jou geschikte helende therapie. Door middel van heling ga je herstellen van je verslavende relatiepatronen.

HERSTEL

De laatste stap in herstel van relatieverslaving en codependentie is wanneer je je aangetrokken gaat voelen tot andere partners. Partners die jouw liefde beantwoorden, maar ook op een emotioneel gezonde manier met jou en zichzelf omgaan. Dit is een proces van groeien, met vallen en opstaan, en is er niet zomaar van de een op andere dag. Een tussenfase hierin is dat je de aantrekking nog wel voelt, maar er niet meer op reageert. In dit proces ga je steeds opnieuw onderzoeken wat er van binnen gebeurt op het moment dat je je nog steeds aangetrokken voelt tot emotioneel onbeschikbare partners, door je af te vragen: wat denk ik dat een relatie met deze partner me oplevert? En wat zegt dit over mijn verlangens in het hier en nu, en over mijn onderliggende pijn uit het verleden? Bij mij heeft dit proces lang geduurd. Soms wist ik niet meteen vanaf het eerste moment waar mijn aantrekkingskracht vandaan kwam en moest ik het eerst laten gebeuren dat ik iemand leuk ging vinden. Ik vroeg me dan af wat de reden was dat ik hem leuk vond, los van de uiterlijke aspecten. De laatste keer merkte ik op dat er een diep verlangen naar ondersteuning aangeraakt werd. Ik ben het zo ontzettend gewend om als alleenstaande moeder voor mezelf te zorgen. Ik ben al jaren onafhankelijk op alle gebieden van mijn leven en heb een sterk ontwikkelde mannelijke energie. Maar op het moment dat er ineens iemand was die op financieel gebied met mij meedacht, voelde ik een soort last van me afvallen en voelde ik me gedragen. Het bracht me in contact met een verlangen dat voortkomt uit een tekort aan ondersteuning op dit gebied. Op het moment dat ik me dat realiseerde, kon ik inzien dat de aantrekkingskracht die ik voor hem voelde niet zozeer met hem te maken had als met de wens om een bepaalde oude behoefte alsnog te vervullen. Zo ging het ook met andere emotioneel onbeschikbare mannen tot wie ik me aangetrokken voelde. Door hier aandacht aan te besteden, doofde de aantrekkingskracht tot deze mannen uit en kon ik een andere richting kiezen.

In herstel (her)ontdek je hoe je een vervullend leven kunt leiden, zonder verslavende relaties en codependent gedrag. Herstel draait om het herwinnen van een leven vanuit vreugde en liefde in plaats vanuit pijn en verdriet. Dit geeft een nieuwe betekenis aan het leven en geeft je daarmee zin in het leven, die voortkomt uit een bron van liefde voor jezelf en in liefdevol contact met de ander.

Herstellen kan een cyclisch proces zijn. Er liggen verschillende fasen aan ten grondslag, waar ik straks uitgebreid op in zal gaan, maar die hoeven elkaar niet op te volgen. Ze kunnen in een andere volgorde plaatsvinden en elkaar afwisselen. Herstel leidt tot een leven vol hoop en vertrouwen die ons in de richting van gezonde relaties leidt, ondanks de beperkingen van een onveilige hechting en oude wonden. Het is een persoonlijk en uniek proces, waarin je overtuigingen, normen, waarden, gevoelens, doelen en/of rollen veranderen. Herstel is ook iets waar je je leven lang mee aan de slag blijft. Wat overigens niet betekent dat je niet kunt herstellen. Je herstelt absoluut, maar de meesten van ons blijven zich ontwikkelen. Er dienen zich na verloop van tijd andere thema's aan, zodat het herstel een continu proces blijft.

Om van je verslavende relatiepatronen te kunnen helen, zal je het roer dus volledig om moeten gooien. Je mag stap voor stap al je onderliggende oude wonden en onvervulde behoeften uit je jeugd alsnog doorvoelen en uiten, waarna je deze mag integreren en loslaten. Je mag gaan leren jezelf op de eerste plaats te zetten. Dit betekent dat je mag stoppen met jezelf af te wijzen en in plaats daarvan onvoorwaardelijk van jezelf mag gaan houden, inclusief je negatieve gevoelens en gedachten! Dit betekent dat je op een liefdevolle en respectvolle manier met jezelf en je omgeving omgaat. Dat je de strenge innerlijke criticus of de perfectionist in jou minder macht geeft. Dat je grenzen stelt en opkomt voor jouw wensen en behoeften, jouw waarheid spreekt en jezelf laat zien en horen, zodat je de beste versie van jezelf wordt en het leven gaat leiden wat echt bij jou past. Wat willen we bereiken als we je relatieverslaving aanpakken?

- Dat je afscheid neemt van de relatie (indien gewenst of indien nodig).
- Dat je inzicht krijgt in je verslavende relatiepatronen.
- Dat je inzicht krijgt in de hechtingsstijl die daar aan ten grondslag ligt.
- Dat je inzicht krijgt in je eigen overlevingsstrategieën.
- Dat je loskomt van traumabinding als daar sprake van is.
- Dat je onderzoekt of je verlatingsangst of bindingsangst hebt.
- Dat je oude wonden gaat helen.
- Dat je een veilige hechting creëert.
- Dat je onderscheid leert maken tussen je onechte en je ware zelf.
- Dat je gedachten, gevoelens en gedrag congruent zijn.
- Dat je werkt aan de onderliggende symptomen van codependentie.
- Dat je beter voor jezelf gaat zorgen wanneer je kiest om de relatie voort te zetten.

- Dat je een gezond gevoel van intimiteit ontwikkelt, zowel met jezelf als met de ander.
- Dat je inzicht krijgt in de emotionele verslavingscyclus van de verlatingsangstige en de bindingsangstige.

Er zijn 15 fasen die je doorloopt bij het doorbreken van relatieverslaving en codependentie. Maar voordat ik die toelicht, wil ik je nogmaals op het hart drukken dat als er bij jou in je leven sprake is van een middelenverslaving - alcohol, drugs of misschien op een extreme manier dwangmatig eet, ik je zou willen vragen om daar eerst hulp voor te zoeken. Probeer eerst in onthouding te gaan van die verslaving, voordat je gaat werken aan jouw specifieke verslavende relatiepatronen. Het is belangrijk dat je echt je gevoelens kunt ervaren zoals ze daadwerkelijk zijn en dat ze niet vertroebeld zijn door alcohol of verdovende middelen, of een demping van gevoelens van dwangmatig over/onder eten.

Zoals eerder in dit boek naar voren kwam, zijn symptomen van codependentie de symptomen die ten grondslag liggen aan relatieverslaving:

- Moeite met zelfliefde
- Moeite met eigenwaarde
- Moeite met het stellen van grenzen
- Moeite met voelen
- Moeite met jezelf uiten op een gezonde manier
- Controle uitoefenen op de ander
- Andere verslavingen
- Psychische en lichamelijke ziekten
- Pleasen
- Overmatig zorgen

- Verantwoordelijkheden overnemen
- Aanpassen
- Moeite met nee zeggen
- Moeite met gezonde intimiteit
- Disbalans in geven en ontvangen

DE 15 FASEN VAN HERSTEL

Er zijn 15 fasen die je doorloopt bij het doorbreken van verslaving, in dit geval verslavende relatiepatronen. Dit zijn de 15 fasen die je doorloopt wanneer je afscheid wilt nemen van ongezonde relaties, en relaties wilt aantrekken die vreugde en liefde brengen. Het is goed om je te realiseren dat de eerste fase net zo goed de laatste kan zijn. Ze hoeven niet in een bepaalde volgorde plaats te vinden, maar worden door elkaar heen bewandeld. De één zal beginnen met afscheid nemen van een verslavende relatie, omdat dat op die manier gebeurt, omdat een relatie overgaat. Bij een ander zal dat de laatste fase zijn en het resultaat van de eerder genomen stappen. Dat is niet zo relevant. Tenzij jij of je kinderen in gevaar verkeren, is het van belang te starten met de eerste stap.

Fase 1: Afscheid nemen van relaties die pijn doen en omarmen van gezonde relaties.

Of je dit aan het begin of aan het einde doet, dat maakt niet uit, maar je gaat als je dit proces volgt hoe dan ook afscheid nemen van relaties die meer leed dan liefde brengen. Als je gaat handelen vanuit je volwassen autonome zelf en voor je innerlijke kind gaat zorgen, zal je niet meer accepteren dat iemand op een respectloze manier met jou omgaat. Dat is simpelweg onmogelijk. Als de volwassene in jou aan het roer komt en aan het roer blijft, zal je emotioneel onbeschikbare partners en verslavende relaties niet meer toelaten in je leven. Die aantrekkingskracht kan nog wel enige tijd blijven, maar het is belangrijk om je te realiseren dat wanneer dit gebeurt deze aantrekkingskracht altijd voortkomt vanuit het beschadigde kindsdeel en dus niet vanuit je volwassen zelf.

Als je niet meer accepteert dat iemand op een manier met je omgaat die pijn doet, gaat het op een gegeven moment heel snel. Je neemt afscheid van die persoon, je blijft een tijdje alleen of je gaat opnieuw daten en zal er heel snel achter komen of die persoon voor jou geschikt is of niet. Of iemand jou op een fijne manier behandelt of niet, of iemand emotioneel beschikbaar is of niet. Je zal zien dat je dit al na een paar dates herkent. Een valkuil kan zijn om te snel met iemand naar bed te gaan, omdat er dan oxytocine door het brein wordt afgegeven. Dit hormoon versterkt de verbinding, maar ook de binding tussen jou en de ander, waardoor je beoordelingsvermogen vertroebelt en het moeilijk wordt om de realiteit te blijven zien zoals die is. Uiteindelijk ga je relaties waar je blij van wordt omarmen, dat is een logisch gevolg van in contact staan en de regie geven aan het volwassen autonome zelf. Dan kies je niet meer voor binding en relaties die gebaseerd zijn op angst voor verlating of verbinding, maar voor relaties gebaseerd op vertrouwen en veiligheid, die horen bij ware verbinding. Je gaat van 'binding' naar het maken van 'verbinding'. Het is goed om die begrippen uit elkaar te houden. Binding betekent iemand aan je binden of gebonden zijn aan iemand anders. Dat voelt heel anders dan in verbinding zijn. Zowel met jezelf als met de ander. Binding ontstaat vanuit een strategie, vanuit een onecht zelf, niet vanuit het ware zelf. Niet vanuit liefde, zachtheid en kwetsbaarheid, maar meer vanuit angst, symbiose, versmelting en verstrengeling. Het voelt onvrij. Terwijl verbinding wel vrij voelt; daarin ben je kwetsbaar, puur en zuiver. Het komt vanuit wie je in essentie bent.

Relaties vanuit binding zijn relaties waarin je niet geheel jezelf kunt zijn, waarin je altijd op je tenen loopt of jezelf anders voor moet doen dan wie je daadwerkelijk bent. Je ervaart gevoelens van onvrede en onrust, en je bent niet helemaal op je gemak. Het kan ook zijn dat iemand aanvoelt als jouw rots in de branding, als jouw redder of dat je zelf de redder bent voor een ander. Een gedeelde overtuiging, zoals geloof, kan jullie ook aan elkaar binden. Of je overtuiging maakt deel uit van een perfect plaatje dat je voor je hebt. Dan ben je misschien met iemand vanuit een overtuiging, bijvoorbeeld een geloofsovertuiging. Ook dan ben je bij elkaar vanuit een binding in plaats van een verbinding. Of je bent bij iemand vanuit een perfect plaatje, omdat je denkt dat het zo zou moeten. Die persoon is bij mij vanwege mijn financiële status, intelligentieniveau, aanzien of geloofsovertuiging. In het volgende hoofdstuk over gezonde relaties kom ik hier uitgebreider op terug.

Fase 2: Het ontwikkelen van het volwassen autonome zelf

In deze fase ga je van handelen vanuit het innerlijkeov kind, of vanuit een strategie, naar handelen vanuit je volwassen autonome zelf. Zoals besproken in hoofdstuk 5, ga je je 'ik-sterkte' ontwikkelen. Je gaat echt voelen wie je daadwerkelijk bent vanuit een stukje stevigheid, vanuit kracht, vanuit beide voeten op de grond, vanuit 'aarding'. Je gaat vanuit je volwassen autonome zelf voor jezelf en je innerlijk kind zorgen, en dit deel van jezelf de regie geven. In verslavende relaties zijn we vaak in contact met de ander vanuit een kindstuk en niet vanuit de volwassene. Dit verklaart waarom ik me vroeger altijd afvroeg hoe het mogelijk was dat ik met mijn hoofd wist dat iemand niet goed voor me was, maar mijn hart niets liever wilde dan bij hem te zijn.

Als de volwassene aan het roer staat, zul je van zelfafwijzing, schuld en schaamte naar zelfliefde, zelfzorg, compassie en zachtheid gaan. Als je vanuit je volwassen deel zorg gaat dragen voor je oude wonden, bijvoorbeeld zelfafwijzing, zal je steeds minder vaak in die zelfafwijzing terecht komen en steeds meer zelfliefde ontwikkelen.

Zelfliefde is een heel populair, maar abstract begrip. Eigenlijk vind ik zelfzorg minder abstract klinken en heel dicht in de buurt komen van zelfliefde. Je mag in ieder geval helemaal zelf gaan ontdekken wat zelfliefde voor jou betekent. Zelfliefde in actie bevat heel veel aspecten, eigenlijk kun je zelfliefde toepassen in alle aspecten van je leven. Het is een mooie ontdekkingstocht om te onderzoeken hoe jij zelfliefde wilt gaan beoefenen in jouw leven, maar het begint, valt en staat bij het plaatsen van je volwassene als dirigent op het podium.

Het is belangrijk dat je dat deel gaat leren kennen en dat je het onderscheid gaat leren maken tussen jouw innerlijke kind, je strategie en je volwassen autonome ik. Dat je gaat inzien dat please-gedrag of controlegedrag voortkomt vanuit een angst dat de ander boos op je wordt, je afwijst of je in de steek laat. Als je zicht hebt op je oude pijn, hoef je niet meer vanuit die herhaling erop te reageren. Dan weet je: dit hoort bij een oud stuk, ik ben hier nu opnieuw zo'n oud kindpatroon aan het herhalen en dat is niet nodig. Het gaat hier niet over vroeger, het gaat over nu. Je kunt het echt loskoppelen van elkaar en je kunt jezelf uit die verstrikking halen, steeds weer opnieuw. Hierdoor leer je te leven en te zorgen vanuit het NU. Hierbij hoort ook dat je mensen leert aantrekken vanuit het NU in plaats vanuit het verleden.

Fase 3: Het ontwikkelen van een innerlijke vader en een innerlijke moeder

Je volwassen autonome zelf kan verschillende manieren gebruiken om voor jou te zorgen. Soms heb je oplossingsgerichtheid en daadkracht nodig, op andere momenten zachtheid en zorg. Kwaliteiten van een innerlijke vader of moeder. Als je geen goed voorbeeld hebt gehad van een zorgzame, liefdevolle vader of moeder, mag je in dit proces helemaal opnieuw je eigen innerlijke vader en moeder ontwikkelen. Je mag gaan ontdekken hoe jij voor jezelf je wil gaan zorgen. Welke eigenschappen horen er volgens jou bij een innerlijke vader en moeder?

Door te handelen vanuit het volwassen autonome zelf en de innerlijke vader of moeder, worden de herhalingen van het vervallen in oude kindpijn en aangeleerde strategieën doorbroken. Dat betekent dat je zelf die eigenschappen, waarvan je vindt dat die horen bij een vader of moeder, kunt gaan ontwikkelen zodat je vanuit die positie voor jezelf kunt gaan zorgen. Elke keer dat je innerlijke kind zich aandient, dat angstige meisje, dat bange jongetje, dan kun jij vanuit die innerlijke vader of moeder zorg gaan dragen voor dit deel. Dan zal je steeds minder eenzaam zijn, steeds minder leegte gaan voelen, steeds minder angstig zijn, want dit deel neemt het over en draagt er zorg voor.

Fase 4: Controlegedrag inventariseren en loslaten

Zoals je inmiddels weet is controlegedrag, net als ontkenning, een typisch kenmerk van alle verslavende relatiepatronen.

Controlegedrag betekent dat je voor een ander wil bepalen hoe die zich moet gedragen, hoe die moeten denken en hoe die zich zou moeten voelen. Vaak denken we bij controlegedrag aan: in iemands telefoon kijken, of heel erg de baas spelen. Dat is ook controlegedrag, maar het kan ook dat je op een subtiele manier probeert te zorgen dat iemand van je houdt, omdat je continu die liefde, aandacht en bevestiging wilt hebben dat iemand bij jou in de buurt is. Je kunt bijvoorbeeld ruzie maken om erachter te willen komen of iemand bij jou wil zijn. Jouw controlemechanismen zijn vaak echte blinde vlekken die je niet meteen bij jezelf ziet. Bij een ander is dat veel makkelijker. Daarom kan het belangrijk zijn, als je echt wil herstellen, om iemand met je mee te laten kijken. Een coach, een therapeut. Het maakt niet uit voor welke vorm je kiest, als je maar iets kiest.

Om het los te kunnen laten is het in eerste instantie belangrijk dat je het inventariseert. Dat je helder krijgt hoe jouw specifieke controlegedrag eruit ziet, en soms heb je daar wat hulp bij nodig. Als het niet helder is, kun je er ook niet mee stoppen en het loslaten.

Acceptatie van jezelf, de ander en situaties, zonder deze te willen veranderen is het loslaten van controle. Acceptatie van jezelf is daarbij heel belangrijk, want als je jezelf kunt accepteren zoals je bent, kun je de ander ook makkelijker accepteren zoals die is. Dat betekent niet dat je dit als ontkenning mag gebruiken om in een destructieve relatie te blijven! Denk niet: "ik moet hem toch accepteren zoals hij is?" Dat is niet waar het hier om gaat. Het gaat erom dat je leert dat de realiteit is zoals die is. En dat je van een appel geen peer kunt maken. Als iemand destructief is, als iemand verslaafd is of als iemand jou op een bepaalde manier slecht behandeldt, dan zal dat niet van vandaag op morgen zomaar veranderen. Dat is wat ik bedoel met acceptatie van de realiteit. Wat we vaak doen, en wat ik zelf ook jarenlang heb gedaan, is dat we dat niet willen erkennen. We willen dat die persoon verandert, want we zien in potentie zo'n mooi persoon. Vaak heeft die persoon echter ook een andere kant die deze potentie helemaal overschaduwt. En dan leven we uiteindelijk ook met die schaduwzijde.

Op een gegeven moment zal je een aantal zelfhelende methodes tot je beschikking hebben om zelf aan de slag te gaan met acceptatie van jezelf, de ander en de situatie, met het loslaten van controle en werken met de gevoelens die dan boven komen drijven, zoals het innerlijk kind en delenwerk. Via deze methoden kun je steeds weer opnieuw de diepte ingaan om je eigen strategieën te ontmantelen en contact te maken met je eigen behoeften en ware verlangens.

Fase 5: Andere strategieën inventariseren en loslaten

Denk aan het redden, het zorgen, verantwoordelijkheden overnemen. Je gaat jouw specifieke codependente, relatie- of liefdesverslaafde gedrag inventariseren. Door de trance van jouw overlevingsstrategie te doorbreken, door uitdagingen aan te gaan, door echt te voelen wat er is, door comfortabel te worden met het oncomfortabele, ga je van verlies van jezelf naar trouw zijn aan jezelf. Dan word je trouw aan de werkelijkheid in plaats van dat je kiest voor de overlevingsstrategieën en het daarbijbehorende automatische piloot gedrag, waarin zo'n strategie het tijdelijk van je overneemt. Soms heb je deze trance door en soms heb je het niet door, maar hoe meer je met deze materie bezig zal zijn, hoe meer je zal beseffen dat je in een trance schiet. En dan weet je wat jouw saboterende strategieën zijn.

Als je weet dat je een pleaser bent, of dat je iemand bent die controlegedrag te pas of te onpas inzet, dan kun je een plan van onthouding maken waarin je jouw strategieën onder de loep neemt en kiest waarmee je wilt gaan stoppen.

Fase 6: Onthouding ondergaan

Door middel van het inventariseren wat jouw strategieën kun je in een plan van onthouding gaan zitten door middel van *bottom line rules*, (heldere grenzen). Je gaat je committeren om te stoppen met jouw specifieke strategieën. Zoals de verslaafde die stopt met alcohol of andere middelen, zo stopt de codependent, de relatie- of liefdesverslaafde met controlegedrag of met pleasen. En op het moment dat je daar mee stopt, zullen er gevoelens naar boven komen. Dat is een logisch gevolg. Het gebeurt automatisch. Het is niet fijn om geconfronteerd te worden met pijn, met gevoelens van afwijzing, met angst, met machteloosheid en met waardeloosheid. Al die gevoelens waarvoor we ons leven lang ons best hebben gedaan om daar niet naartoe te hoeven. Maar het mantra van herstel van relatieverslaving en codependentie is dat je comfortabel mag worden met het oncomfortabele. Steeds weer opnieuw, dag na dag. De rest van je leven. Het is onmogelijk om dit proces door te maken zonder dat je die gevoelens gaat voelen, maar dat betekent niet dat je het niet aankunt.

Fase 7: Van onderdrukken naar voelen

Elke keer dat je in een strategie zit, ben je eigenlijk aan het vechten, aan het vluchten of aan het bevriezen. In herstel, in het proces van heling, gaan we steeds meer contact maken met onze gevoelens. Vanuit sabotage gaan we voelen. Vanuit een illusie gaan we naar voelen, vanuit vluchten gaan we naar voelen. Vanuit bevriezen gaan we naar ontdooien, dus naar voelen. Ik gebruik daar steeds andere woorden voor, zodat het steeds op een andere manier bij je kan binnenkomen en je kunt voelen wat het meeste resoneert bij jou. Hoe kun je de stap maken om jezelf toe te leggen om echt te voelen, echt in contact te komen met de realiteit? Als we aan het vechten zijn of aan het vluchten zijn van hoe het is, proberen we onszelf de illusie voor te houden van hoe we willen dat het is, maar durven we niet te zien hoe het daadwerkelijk zit. Van ontkenning van de realiteit, het negeren van gevoelens en het onderdrukken van je behoeften en wensen naar het toelaten van de realiteit, het toelaten van gevoelens en het erkennen van de waarheid. Door die te doorvoelen, maken we een beweging van strategie naar voelen. Van onderdrukken naar voelen. Bij het voelen krijgt het kind eindelijk recht van spreken en van daaruit kun jij als volwassene zelf gaan zorgen voor dit kind.

Fase 8: Vergeving

Vergeving heeft zowel betrekking op jezelf als op de ander. Het is ontzettend belangrijk om een liefdevolle relatie met jezelf te ontwikkelen. Vanuit liefde voor jezelf kun je ook een fijne partner aantrekken die liefdevol voor zichzelf en voor jou is. Daar is zelfvergeving voor nodig.

Vergeving is een proces dat je steeds opnieuw doorloopt. Je kunt jezelf nu vergeven voor bepaalde dingen, maar elke keer dat die kritische stem weer omhoog komt, of elke keer dat jij jezelf toch weer afwijst, mag je jezelf weer gaan vergeven.

Vergeving van een ander betekent niet dat je moet vergeten, bagataliseren, nog met iemand moet omgaan of een relatie moet behouden. Er kunnen schrijnende dingen gebeuren in relaties, zeker als je in een relatie terecht bent gekomen waarin sprake is van narcistisch misbruik of van een andere vorm van mishandeling. Dan kun je de neiging hebben om heel lang last te houden van wrok. Wrok is boosheid die zich steeds weer opnieuw aandient en vergif is voor jezelf. Het belet je ervan om prettig verder te kunnen leven. Om op een gezonde, liefdevolle en vreugdevolle manier het leven verder te kunnen leven is het veel fijner als je jezelf kunt ontdoen van wrok, boosheid en ellende die zich nog in jouw bewustzijn afspeelt. Dat is een belangrijke fase.

De traditionele kijk op vergeving is dat we iemand anders nodig hebben om te kunnen vergeven. Vanuit het perspectief dat de ander je iets heeft aangedaan, heb je de ander nodig - zijn spijtbetuigingen - om hem te kunnen vergeven. Ik heb het daarentegen over jezelf en de ander vergeven als onderdeel van een innerlijk proces. Op het moment dat je in contact komt te staan met je innerlijk kind en daarvoor leert zorgen vanuit je volwassen autonome ik, ga je vanzelf ook beter begrijpen in welk fasen jullie beiden zitten en loskomen van oordelen hierover. Jij hebt jouw proces, de ander heeft zijn proces. Doordat je bovendien verantwoordelijkheid neemt voor jezelf en voor het feit dat je bepaalde personen en relaties hebt toegelaten in je leven, hoef je de ander hier niet meer de schuld van te geven. Nu je jezelf en je eigen verslavende relatiepatronen beter begrijpt, kun je anders handelen, zelf voor je oude pijn zorg dragen en in dit proces kom je niet alleen je oude pijn tegen, maar kom je ook in contact te staan met je ware zelf en met een bron van zelfliefde die je misschien nooit voor mogelijk had gehouden. Je relaties en partners hebben je uiteindelijk hier gebracht en daardoor kan het zijn dat je je (ex)partner kunt vergeven en misschien zelfs dankbaarheid kunt voelen dat deze persoon je in contact heeft gebracht met deze bron van zelfliefde. Belangrijke kanttekening is dat de fase voorafgaand aan vergeving het erkennen is wat er is gebeurd en wat je dat heeft gekost. De boosheid en het verdriet hierover zijn belangrijk om te voelen en er te laten zijn voordat je overgaat tot de fase van vergeving. Deze fasen zijn onderdeel van het rouwproces. Zowel gevoelens uit de jeugd als gevoelens uit eerdere relaties. Als je dit doorlopen hebt en je houdt last van wrok en ervaart steeds weer opnieuw de pijn, dan is het misschien fijn om aandacht te besteden aan vergeving.

Fase 8: Het herhalen van oude kindpatronen wordt doorbroken

Wanneer je vanuit een strategie handelt, dan handel je eigenlijk vanuit het beschadigde kind; vanuit de verstriktheid met een van je ouders of een ander persoon. Je projecteert als het ware een situatie die je eerder hebt meegemaakt in het verleden en die pijnlijk voor je was in het hier en nu, op een persoon in het hier en nu. Dat gaan we in herstel doorbreken. We gaan zien welke oude pijn opspeelt, waar deze vandaan komt en we gaan de projectie op die manier van de huidige situatie halen. We gaan niet meer vanuit een oude situatie reageren op de ander, want we weten nu dat het oud is. Het is voorbij. Het gevoel dat nu naar boven komt heb je eerder gevoeld in die ene situatie, bij je vader of moeder of bij kinderen die je gepest hebben, en dat staat helemaal los van de situatie in het hier en nu. Dit betekent overigens niet dat wat er in het hier nu gebeurt niet pijnlijk kan zijn, jawel. Het kan zijn dat iemand je op dezelfde manier afwijst of beschadigt als eerder in je leven is gebeurd.

Het is belangrijk dat je dan niet denkt: "Dit is mijn oude pijn, dus het is mijn schuld en ik moet leren hoe ik ermee om moet gaan". Nee het is jouw taak om jezelf in veiligheid te brengen, ook in het hier en nu. En dat betekent soms afscheid nemen van een situatie of een persoon.

Fase 10: Van jezelf verliezen in de strategie, verliezen in de trance, naar uitdagingen aangaan

Hiermee bedoel ik dat je "Comfortabel gaat worden met het oncomfortabele". Ik kan deze slogan niet vaak genoeg herhalen. Doordat je stopt met je strategie, kom je automatisch in contact met gevoelens van je innerlijk kind. Die ga je niet meer proberen te bevechten of ervan vluchten door middel van een andere strategie, maar je gaat het volledig aan, steeds weer opnieuw. Dit is niet een proces dat je eenmalig doorloopt, dit is een proces dat de rest van je leven doorgaat. Dit betekent niet dat je geen grote veranderingen kunt doormaken in een relatief korte periode. Ja, de scherpe randjes kunnen er zeker snel af gaan, maar er blijven zich altijd nieuwe lagen aandienen. Ga de uitdaging aan, daag jezelf uit om steeds weer opnieuw comfortabel te worden met het oncomfortabele. En neem dat als een soort mantra mee je dag in.

Fase 11: Leven vanuit het onechte zelf naar leven vanuit het ware zelf

Hoe meer we bezig zijn met dit proces voort te zetten, hoe meer we de ui afpellen, des te dichter komen we bij ons ware zelf, die bron van liefde en licht die we daadwerkelijk zijn. Dat is de plek waar we ons ook het allerlekkerst voelen. Dit ware zelf zijn we in essentie allemaal, zo zijn we geboren, maar we moeten het onszelf opnieuw herinneren, want we zijn het vergeten. En daar moeten we vaak eerst heel wat werk voor verrichten. Van angst, leegte en eenzaamheid naar vertrouwen, liefde en verbinding. Op het moment dat je aan de slag gaat met innerlijk werk zal je merken dat de angst, eenzaamheid en leegte steeds meer gaat verdwijnen en dat er plaats gemaakt wordt om je ware zelf of je kern steeds meer ruimte te geven om naar de oppervlakte te komen. Met je kern of ware zelf bedoel ik dat stuk van jou wat vertrouwen heeft, wat vreugdevol is, wat licht is, wat overvloedige liefde is. Wat daadwerkelijk in verbinding staat met jezelf. Op het moment dat je in angst leeft of in leegte, verdriet of eenzaamheid, plaats je iets tussen jezelf en het leven in. Of dat nou een strategie is of een kindstuk, dat maakt niet uit, maar je bent dan niet in contact met je ware zelf.

Fase 12: Van slachtofferschap naar zelfverantwoordelijkheid

Om te zorgen dat je gezonde relaties aantrekt, je niet nog eens in de aantrekken-afstoten dynamiek terecht komt is het belangrijk dat je zelf gaat werken aan het doorvoelen van jouw oude pijn, en dat je zelf gaat werken aan jouw zelfliefde, zodat je geen emotioneel onbeschikbare partners meer aantrekt. Dat is wat zelfverantwoordelijkheid is: aan de slag gaan met jezelf zodat je genoeg zelfliefde ontwikkelt, genoeg in contact komt met de volwassene in jou en niet meer een makkelijke prooi bent voor partners die ongezond voor je zijn.

Je gaat van het verantwoordelijk maken van een ander voor jouw geluk naar houden van jezelf als beste vriend. Je gaat inzien dat je zelf verantwoordelijk bent voor je eigen levensgeluk. Je gaat je realiseren dat jij zelf de creator van je leven bent en dat niemand anders verantwoordelijk is om jou liefde te geven, maar dat je dat echt helemaal zelf kunt creëren. Zowel de liefde voor jezelf als het aantrekken van de voor jou juiste partner. Dat ligt allemaal in jouw eigen handen. Dit doe je door het innerlijk werk, door te zorgen voor jezelf en voor het meisje of jongetje in jou zodat jezelf de regie hebt en jezelf op nummer 1 plaatst.

Fase 13: Je leert onderscheid maken tussen angst en liefde

Er ontstaat een balans tussen Eros en Agape, waar ik het in het voorwoord over had. Liefde vanuit passie en aantrekking (Eros), en liefde vanuit veiligheid en vertrouwen (Agape). In deze fase gaan we de balans terugvinden tussen deze twee vormen van liefde. Het is ook vaak de laatste stap om die aantrekking tot emotioneel onbeschikbare partners te doorbreken. Op het moment dat je de dans van dat aantrekken en afstoten, die gebaseerd is op angst, niet meer aantrekkelijk vindt, veiligheid en vertrouwen gaat waarderen en je aangetrokken gaat voelen tot iemand die op een respectvolle manier met je omgaat, zal je zien dat je tot deze partners ook seksueel aangetrokken gaat voelen. Waarschijnlijk op een iets andere manier, omdat de piek en daal energie, het aantrekken en afstoten, waar je later meer over zult lezen, er nu niet meer is.

Die piek energie vind je nu niet meer aantrekkelijk en ervaar je als onrust! Je raakt juist opgewonden van iemand die jouw liefde en aandacht beantwoordt.

Fase 14: Van waanzin naar mentale en emotionele gezondheid

Deze fase komt voort uit het 12-stappenprogramma voor herstellende verslaafden. In stap 2 spreken we vaak over insanity.

De letterlijke vertaling voor insanity is 'waanzin'. Klinkt misschien wat heftig, maar hiermee bedoel ik het volgen van een bepaald denkpatroon, waardoor we steeds weer opnieuw hetzelfde gedrag herhalen, dezelfde fouten maken en toch andere resultaten of uitkomsten verwachten. Als je het zo stelt, is het een vorm van ontkenning dat je dit gedrag tegen beter weten in steeds opnieuw herhaalt. Dit staat parallel aan verslavende relatiepatronen. Steeds opnieuw ga je terug naar een bepaalde partner of relatie tegen beter weten in. Je gevoel zegt; "ik wil terug", terwijl je rationele deel dit tegenspreekt. Toch herhaal je keer op keer hetzelfde patroon met de hoop op een andere, betere uitkomst. Deze gekte vind je binnen alle verslavingen terug.

In deze fase word je bewust van dit mechanisme en laat je het los. Zodra je merkt dat iemand emotioneel onbeschikbaar is of jou pijn doet, dan stap je eruit en kies je voor jezelf. En dat is emotioneel gezond zijn. Je gaat vanuit een cirkel van lijden en verdriet naar een cirkel van groei en ontwikkeling. In plaats van een neerwaartse spiraal gaat je leven steeds meer in een opwaartse spiraal.

Fase 15: Je bent dankbaar voor het proces dat je doorlopen hebt

Je bent dankbaar, zowel voor de oude wonden als voor de nieuwe tools. Vaak zie ik dat mensen in het begin weerstand voelen tegen de pijn die ze met zich meedragen en dat ze willen dat het verdriet zo snel mogelijk weggaat. Terwijl ze aan het einde van zo'n traject inzien dat het hen ontzettend veel heeft gebracht aan zelfliefde. Je zou kunnen zeggen dat die oude wonden een soort liefdestikjes zijn, waardoor je de gelegenheid krijgt om zelfliefde te beoefenen. Je oude wonden zijn een toegangspoort naar je zelfliefde. Dat is iets waar je dankbaar voor kunt zijn, zeker als je in proces van herstel een aantal zelfhelende methodes hebt aangeleerd, bijvoorbeeld het werken met het innerlijk kind, met verbonden ademen en zelfhelende technieken, die je op ieder moment van de dag kunt inzetten wanneer je ze nodig hebt. Dat is een ontzettend dankbaar proces. Vergeet niet dat zelfliefde een werkwoord is waar jezelf verantwoordelijk voor bent en mee aan het werk mag blijven.

Van een vicieuze cirkel van lijden en verdriet, naar groei en ontwikkeling. Verslavende relaties zijn een neerwaartse spiraal van lijden en verdriet die steeds verder bergafwaarts gaat. Herstel en heling is een opwaartse spiraal naar groei, ontwikkeling en naar liefde, licht en zachtheid. Dit is een automatisch gevolg van alle eerdere fasen.

Waarschijnlijk is het je opgevallen dat er in de 15 fasen van herstel veel herhaling en overlap zit. Zowel uit de eerdere hoofdstuk als uit de onderlinge fasen. De 15 fasen van herstel zijn eigenlijk een samenvatting van alles wat je tot nu toe in dit boek geleerd hebt. En de herhaling is nodig om het proces en de stappen die je moet nemen in je hart te etsen. Probeer maar eens voor jezelf de stappen te herhalen die je nu moet zetten om te herstellen. Waarschijnlijk kun je ze nu bijna stuk voor stuk opnoemen!

We zijn er nog niet helemaal. Er liggen namelijk een paar stappen aan de 15 fasen ten grondslag. Beslissingen of stappen die je moet nemen die nodig zijn om je door de 15 fasen heen te werken en ze te laten slagen.

DE 10 STAPPEN

Stap 1: Herkennen en erkennen dat er sprake is van een probleem

Zoals je inmiddels is opgevallen is ontkenning een van de hoofdsymptomen van verslaving. Ontkenning is een overlevingsstrategie en die wil het liefst dat alles bij het oude blijft. De eerste stap is dus herkennen maar ook erkennen aan jezelf dat er een probleem is, dat het zo niet langer kan, dat bepaald gedrag je veel meer pijn en verdriet oplevert dan vreugde en geluk. Ontkenning zorgt ervoor dat je destructief gedrag vergeet.

Stap 2: Hulp vragen

De 2e stap is hulp vragen aan iemand die jou kan ondersteunen. Want als je het in je eentje had kunnen doen, dan had je het waarschijnlijk allang gedaan. Je strategieën zijn slim, lastig te herkennen en moeilijk om er in je eentje van los te komen. Zelf ben ik dankbaar dat ik verschillende trajecten heb doorlopen en dat ik collega's heb die met mij mee kunnen kijken op het moment dat ik zelf vastzit in een strategie.

We hebben allemaal blinde vlekken, we hebben allemaal iemand nodig die ons een spiegel voorhoudt, die onze strategieën ontrafelt en op een tafeltje legt zodat we kunnen zien wat er daadwerkelijk aan de hand is. Een kenmerk van verslaving is dat het isoleert. Dat geldt voor elke verslaving. Op het moment dat je lang vastzit in een relatie die niet goed voor je is, dan hebben mensen vaak geen zin meer om naar je te luisteren. Je hebt zelf geen zin meer om het je vrienden te vertellen of je familie, want die hebben het een beetje gehad. Je gaat je steeds meer isoleren. Heling en herstel gaat echt over het samen doen en ervaringen delen.

Stap 3: Eerlijkheid

Stap 3 gaat over de bereidheid om eerlijk naar jezelf en je patronen te kijken. Om met de billen bloot te gaan. Ook daar heb je vaak een ander voor nodig om een soort reality check te doen: wat hoort waar, wat zijn mijn blinde vlekken? Vraag jezelf af of je bereid bent om eerlijk naar jezelf te durven kijken. Of je de consequenties durft te dragen wanneer je kijkt naar je eigen gedrag. Maar ook of je de moed hebt om te delen welke gevoelens en gedachten er door je heen gaan. Of je je kwetsbaarheid durft te delen met een ander.

Stap 4: De bereidheid om de verantwoordelijkheid te nemen voor je eigen leven

Stap 4 gaat over zelfverantwoordelijkheid. Over de bereidheid om te gaan staan voor je eigen proces, voor je heling, herstel en geluk. Het gaat erom dat je snapt dat niemand anders het voor je gaat doen en dat jij de enige creator bent in je leven. Jij zal de stap moeten maken, jij zal de hulp moeten zoeken die bij jou past. Dat komt niet zomaar aanwaaien. Zonder die bereidheid kun je niet aan de slag. Jij moet zelf diep van binnen voelen: dit is mijn moment! Ik wil zo niet meer verder, ik wil dit patroon voor eens en altijd doorbreken. Die bereidheid impliceert actie, dat is niet alleen maar een statisch gevoel van binnen.

Stap 5: Openheid van geest

Het is belangrijk dat als je hulp zoekt, je op een open manier gaat kijken naar de methoden die je worden aangeboden. Het kan zijn dat het iets is waarvan je in eerste instantie denkt: “jeetje dat is best zweverig” of “dat lijkt me best moeilijk”, maar kijk naar mensen die jou voor zijn gegaan en die een bepaald herstel hebben dat jij ook graag zou willen. Ga er dan met een openheid van geest voor. Ondervind eerst of iets voor je werkt in plaats van er al een oordeel over te hebben voordat je het ooit geprobeerd hebt.

Stap 6: Je herstel als prioriteit gaan zien!

Stap 6 is je herstel prioriteit te maken boven alles. Zelfs boven je kinderen. Als jij niet heelt en herstelt, maar blijft hangen in destructieve relaties, dan heeft je kind daar immers ook last van. Als het met jou goed gaat en je met jezelf op een liefdevolle manier omgaat, dan is dat het voorbeeld dat je je kinderen geeft, en vanuit dit herstel kun je ook de beste vader of moeder voor je kind zijn. Hetzelfde geldt op de werkvloer, in je omgang met je collega's of in sociale kringen in de omgang met je vrienden. Eigenlijk maakt het niet uit om wat voor soort relatie het gaat, want destructieve relatiepatronen manifesteren zich in alle soort relaties, niet alleen in liefdesrelaties.

Realiseer je dat jouw herstel tijd kost en dat het iets is wat jij alleen zelf kunt doen. Daarvoor is toewijding nodig. Het helpt om bewust tegen jezelf te zeggen: "ik ga mezelf en mijn herstel prioriteit maken. Dit is voor mij belangrijk".

Stap 7: Laat de verantwoordelijkheid voor heling en herstel van een ander los.

Dat jij kiest voor herstel, betekent niet dat je partner, je ex of de vader van je kind ook klaar is om dat pad te bewandelen, dus probeer dat los te laten. We hebben als relatieverslaafden de neiging de ander te willen veranderen. Zeker op het moment dat wij het licht zien, dan willen we vaak dat anderen dit ook gaan zien. Kijk of je dat los kunt laten. Ieder mens heeft zijn eigen tijd nodig en zal op een ander moment dit proces aan te gaan. De wonden van een ander horen bij een ander. Jij bent alleen verantwoordelijk voor de wonden van jezelf. Dat is waar jij mee aan de slag gaat. Als je toch de neiging op voelt komen je op een ander te focussen, vraag je dan eerst af: is dit van mij? Is dit mijn verantwoordelijkheid? Hoort dit bij mijn leven? Of is dit misschien van de ander? Of misschien is het wel van geen van beide. Dan ligt het wellicht in niemands handen en is het van het universum. Oftewel: "Is it my business, your business or God's business?" Dat is waar het uiteindelijk om gaat.

Stap 8. Laat mensen, plaatsen en dingen die je herstel in de weg zitten, los.

Je zal merken dat dit ook vanzelf gebeurt op het moment dat je dit pad kiest. Bepaalde situaties, plekken en mensen zullen niet meer bij je passen. Misschien word je er zelfs ongemakkelijk van als mensen in hun strategie vastzitten en niet vanuit hun kwetsbaarheid kunnen delen. Misschien merk je opeens dat die ene vriendin alleen maar kan oordelen en roddelen over anderen, en staat dat haaks op de manier waarop jij in alle eerlijkheid naar jezelf en anderen gaat kijken.

Stap 9. Zorg ervoor dat je je met mensen omringt die eenzelfde pad bewandelen.

Omring jezelf met mensen die op een soortgelijke frequentie zitten. Die ook op een reflectieve manier bereid zijn om naar zichzelf te kijken en misschien ook wel bezig zijn hun liefdesrelaties te transformeren. Omring jezelf met mensen bij wie je je veilig voelt en in wiens gezelschap jij je durft uit te spreken omdat je weet dat je een voorspelbare reactie kunt verwachten, een prettige, veilige reactie. Oftewel, omring jezelf met mensen in herstel die eenzelfde pad bewandelen, die ook verlangen naar zelfliefde, naar een liefdevol, vreugdevol en licht leven in plaats van mensen die op een destructieve manier in het leven staan, die in het donker verkeren. Ook dat kan een proces zijn. Een proces van afscheid nemen, iets wat hand in hand gaat met jouw proces van zelfliefde. Je zal leren om sommige mensen los te laten en als vanzelf zal je mensen aan gaan trekken die een positieve invloed hebben op jouw leven.

Stap 10: Durf te investeren in jezelf door middel van tijd en geld.

Oftewel, durf te investeren in jezelf. Ieder traject, workshop, opleiding kost geld en alles kost tijd. Uiteindelijk gaat het erom dat je jezelf en je herstel prioriteit maakt in je leven, en hoe belangrijk het voor je is om voor eens en altijd die destructieve relatiepatronen los te laten. We hebben uiteraard niet allemaal evenveel geld, maar voor iedereen is er een manier om hiermee aan de slag te gaan. Er is informatie online te vinden en er zijn gratis zelfhulpgroepen, zoals de 12-stappengroepen. Onderzoek wat mogelijk is, wat bij je past en bij je resoneert en durf daarin te investeren. Ik heb het zelf altijd gedaan en ik heb er geen dag spijt van. Ik doe het nog steeds. Ik investeer nog steeds in mezelf, in mijn bedrijf, in coachingstrajecten en in persoonlijke therapie. Ik ga nog steeds af en toe naar ademseminars bij collega's om mezelf te ondersteunen en mijn eigen blinde vlekken onder de loep te nemen. Er zal altijd weerstand opkomen in een veranderingsproces op het moment dat je een volgende stap gaat maken. Weerstand om uit je comfort zone te gaan, weerstand om te voelen; het hoort er allemaal bij. Maar het is belangrijk om die weerstand te herkennen voor wat het is en je er niet door te laten leiden.

OPDRACHT 8

Weet je niet waar of bij welke fase je moet beginnen? Kies er dan een die in jouw situatie op dit moment het meest passend is.

Onderzoek en beschrijf welke actiepunten je kunt verbinden aan deze fase. Doe dit uiteindelijk voor alle fasen en stappen, zodat je actief met je herstel aan het werk blijft.

....

....

....

....

....

....

....

....

....

....

....

....

....

....

....

....

....

7.

GEZONDE RELATIES

"Van binding naar verbinding."

Zoals uit de vorige hoofdstukken is gebleken, bestaat een groot deel van het aantrekken van gezonde relaties eruit om je bewust te zijn van je eigen relatiepatronen, je verlangens, angsten en waar die vandaan komen. Hoe was de relatie tussen je ouders? Welke blauwdruk heb je van hen meegekregen?

Deze blauwdruk neem je mee naar je volwassen liefdesrelaties. Waren ze emotioneel beschikbaar en hebben ze je de liefde, aandacht en erkenning gegeven die je nodig had als kind? En zo niet, hoe heb je dat opgelost? Welke manieren (overlevingsstrategieën) heb je nodig gehad en meegenomen naar je volwassen relaties? Misschien dat het je na het lezen van dit boek al veel duidelijker is geworden over hoe het komt dat je steeds weer valt voor die emotioneel onbeschikbare partners waarmee je verslavende relaties opbouwt. Maar je bewust zijn van deze relatiepatronen wil helaas niet meteen zeggen dat je vervolgens een gezonde relatie aantrekt! Ook dat is in de voorgaande hoofdstukken aan bod gekomen, eerst is het belangrijk dat je iets met deze kennis doet. Dat je de kennis in je bewustzijn internaliseert en daadwerkelijk aan de slag gaat met het kind in jou dat een tekort aan liefde, aandacht en erkenning heeft gekend en daarom overlevingsstrategieën nodig had. Deze tekorten probeer je iedere keer op te vullen wanneer je je aangetrokken voelt tot een emotioneel onbeschikbaar persoon, een partner met wie je jouw verslavende relatiepatroon kan uitoefenen.

Door in plaats daarvan je te onthouden van je overlevingsstrategieën krijg je stukje bij beetje nieuwe informatie over je onderliggende gevoelens, angsten, verlangens en niet geheelde stukken. Door deze oude pijn te doorvoelen en vanuit je volwassen autonome zelf voor je innerlijk kind te zorgen, kan je deze zelf helen. Weet je het nog? **Comfortabel te worden met het oncomfortabele**. Je geeft jezelf steeds weer opnieuw in iedere situatie wat wel liefdevol is totdat je uiteindelijk andere partners zal aantrekken.

Het begint dus met leren leven vanuit je meest liefdevolle zelf waarna de rest vanzelf zal volgen. Soms kom je een deel tegen wat jou probeert te saboteren maar wanneer je wakker genoeg bent door fysiek, mentaal, emotioneel en spiritueel fit te blijven en de zelfhelende methoden consequent toepast, hoef je niet meer terug te vallen in oud gedrag. Gebeurt dit wel, dan is er ook geen man over boord. Je zet jezelf weer terug op het goede spoor en dan zeggen we 'afstoffen en doorgaan'. We gebruiken onze terugval om van te leren, door nieuwe inzichten op te doen zodat je de keer daarna niet meer zal terugvallen, in ieder geval waarschijnlijk niet meer in reactie op deze specifieke trigger of situatie.

Maar wanneer je je wél bewust bent geworden van je relatiepatronen, je de stappen doorlopen hebt en zo je volwassen ik aan het roer hebt gezet en hebt geleerd om goed voor jezelf te zorgen, wat gebeurt er dan? Hoe ga je emotioneel beschikbare partners aantrekken, en wat is dan eigenlijk een beschikbare partner of een gezonde relatie?

In dit hoofdstuk zal ik de wet van aantrekking uitleggen en hoe je deze voor je kan laten werken om een beschikbare partner en relatie aan te trekken. Ook geef ik tien voorwaarden waaraan je jezelf en je partner kan 'toetsen' om erachter te komen of jullie klaar zijn voor een gezonde relatie. Ik ga dus niet in op de vorm van die relatie. Naar mijn mening maakt het niet uit of je het liefst een open relatie hebt, polyamoreus bent of dat je liever met één partner samen bent en monogamie belangrijk vindt. Onder een gezonde relatie versta ik een relatie waarin er sprake is van openheid, echte intimiteit, wederkerigheid en andere eigenschappen. Maar voor ik hier verder op inga, wil ik eerst nog een valkuil bespreken waar velen van ons intrappen: het verwarren van pieken en dalen met liefde.

VERSLAAFD AAN DE PIEKEN EN DALEN

In het voorwoord had ik het over de Grieken die liefdesrelaties als Eros of Agape aanduiden. Liefde gebaseerd op veiligheid of liefde gebaseerd op passie. De meeste mensen willen het allebei. Ze willen én die veiligheid én die passie. En dat kan ook! Daar blijf ik in geloven, maar misschien niet in de mate waarin je het altijd had verwacht. Datingdeskundige Carla Ketelaar beschrijft in haar boek 'Vind je eindman'[8] heel mooi onze verslaving aan de pieken en dalen van verslavende relatiedynamieken. De hang naar liefde die constant piekt, trekt partners en relaties aan die misschien wel heftig pieken, maar ook heftig dalen. Een

8) Carla Ketelaar, Vind je eindman.

valkuil is dat we deze intense en op het eerste oog romantische relaties vaak als toetssteen gebruiken bij het daten. Het liefst willen we liefde op het eerste gezicht, een date die uitmondt in vierentwintig uur samenzijn waarin je elkaar meteen je diepste zielenroerselen vertelt en grootse beloftes doet. Maar als je naar de realiteit kijkt zijn 90% van de gezonde relaties anders ontstaan, zonder dat er meteen sprake is van intense passie, maar meer door elkaar rustig goed te leren kennen.

Door onze neiging om de liefde heel bijzonder te maken, zetten we deze ook ver weg en wordt het bijna onhaalbaar. We zoeken naar het extreme en vallen daardoor vaak als een blok voor de zogenaamde ‘spannende’ partners die ons hart sneller laten kloppen en met hun gevoel voor romantiek en grootse gebaren ons het gevoel geven dat we echt leven. Helaas is dit gevoel altijd tijdelijk en komt na een piek ook altijd weer een dal. Sommige van deze partners vertellen ons in het begin vaak prachtige dingen, maar kunnen die in werkelijkheid niet waarmaken. Deze partners die zo appelleren aan dat verlangen naar bijzonderheid of je het gevoel geven dat je echt leeft, zijn precies die partners waarbij we enorme pieken en grote dalen ervaren, met wie we de dans van aantrekken en afstoten dansen, maar met wie we, zoals we eerder onderzochten, eigenlijk niet echt intiem zijn en geen echte liefde ervaren, want daar zijn we veel te bang voor. We verwarren de pieken en dalen met echte liefde. Piekenergie duurt echter nooit lang. Verliefdheid duurt gemiddeld 3 tot 6 maanden en de vraag is wat er gebeurt als die verliefdheid en de piekenergie wegvalt. Is er dan nog steeds liefde waarop je je relatie kan baseren? En zou het realistisch zijn om altijd in piekenergie te leven, en je constant volledig in elkaar opgaat en met elkaar bezig bent. Uiteindelijk wil je ook nog een normaal leven kunnen leiden en aandacht kunnen besteden aan je werk, je kinderen, je eigen hobby's, je vrienden. Liefde mag hier gewoon onderdeel van uitmaken in plaats van al je aandacht op te eisen.

Je zou je relatie kunnen vergelijken met je gewone leven en hoe je dat zelf invult. Als je op zoek bent naar een heel gepassioneerde, romantische partner, of meerdere - mocht je polyamoreus zijn - die je dat geven, vraag jezelf dan eens af: hoe gepassioneerd en romantisch is je leven eigenlijk in je eentje? Je kan zoeken naar spannende partners die je leven boeiend maken, maar hoe spannend en boeiend is je eigen dagelijkse leven? Is dat altijd goed, altijd sexy? Als je zelf niet zo'n leven leidt, kan je ook niet van een ander verwachten dat zij dit als het ware in jouw leven injecteert. Net als in het normale leven, is het belangrijk dat je je fijn voelt, dat je een leuk leven hebt, dat je geniet en dat er mooie krachtige momenten en periodes zijn van passie en vuurwerk. In een gezonde relatie werkt het net zo, ongeacht voor welke vorm gezonde relatie je kiest. Die relatie past bij je eigen leven in je eentje, alleen dan staat er iemand naast je met wie het over het algemeen heel leuk en fijn is en op momenten en in perioden vol passie en vuurwerk. Met veel fantastische momenten waarin je je geborgen, geliefd en gepassioneerd voelt. Natuurlijk zal ook deze relatie in het begin de heftigheid van verliefdheid hebben, maar het is niet alleen maar daarop gebaseerd, wat je zal zien op het moment dat die verliefdheid afneemt. Dan zie je de waarde in van het proces van elkaar rustig en goed leren kennen en dat jullie liefde niet alleen maar de begin verliefdheid en piekenergie is, maar dat er ook sprake is van een diepere liefde omdat jullie levens bij elkaar passen en je de ander waardeert om wie hij is.

Vanuit je beschadigde innerlijke kind heb je je misschien altijd gefocust op dat wat ontbreekt in je eigen leven, maar als je eigen leven fijn en leuk is en de relatie met jezelf goed, dan zul je ook niet langer op zoek zijn naar iets dat 'ontbreekt', naar extreme spanning, passie en vuurwerk om dat leven boeiend te maken. Dus zorg dat je eigen leven helemaal is zoals je wenst, dat je helemaal gelukkig bent. Alleen dan ben je klaar om iemand aan te trekken die jouw geluk aanvult in plaats van invult.

Een gezonde relatie aangaan, begint dus vaak met afscheid nemen van illusies. Illusies die we hebben over hoe een relatie eruit zou moeten zien of over wat liefde of passie is. Maar het betekent ook afscheid nemen van onze eigen blauwdruk, ons eigen drama, dat ongezonde relaties en partners ons overkomen zijn en dat er foute partners bestaan die de schuld dragen. Naar mijn idee zijn er vier stappen nodig op weg naar een gezonde relatie, waar je dit ook sterk in terugziet.

DE 4 STAPPEN NAAR EEN GEZONDE RELATIE

STAP 1. Een belangrijke eerste stap bij het aangaan van een gezonde relatie, is je afvragen of je er echt klaar voor bent. Ga echt even stilstaan bij de vraag: ben ik toe aan een gezonde relatie? Wil je afscheid nemen van je verleden? Van je drama? Van je angsten? Van je blauwdruk, je imprint uit je gezin van herkomst? Je hang naar het romantische, passionele verhaal van pieken en dalen? Zoals je weet kom ik zelf ook uit verslavende relaties en ik weet dat er in dit verhaal een soort spanning zit, we voeden ons daarmee. We verwarren de intensiteit van de pieken en dalen met liefde. Pas als je je bewust bent geworden van je relatiepatronen en door middel van therapie met jezelf aan het werk bent gegaan, komt er een moment waarop je volmondig 'ja' kunt zeggen tegen een gezonde, stabiele relatie. Dat is ook het moment dat je je ervoor gaat openstellen en gaat zoeken naar die partner waarmee je oud wilt worden, of waarmee je een bepaalde periode in je leven wilt samenzijn. Dat is de eerste stap op weg naar een gezonde relatie: neem bewust een beslissing. Als je voelt dat je nog niet echt klaar bent voor een volwassen, gezonde relatie maar gewoon nog wilt genieten van de piek- en daalenergie dan mag dat uiteraard ook, maar realiseer je dan wel dat het niet meer gaat zijn dan een high en een low met alle gevolgen vandien.

STAP 2. De tweede stap naar een gezonde relatie is om een plan te maken, durf actie te ondernemen. Je weet dat je er aan toe bent, dus neem bijvoorbeeld de stap om lid te worden van een datingsite, ga op salsales of zoek een nieuwe hobby waar je nieuwe mensen kunt ontmoeten. Ben je wel bewust van je verleden met ongezonde partners terwijl je dit doet. Neem het bewustzijn van je eigen relatiepatronen dat je ontwikkeld hebt mee naar de datingsite, salsales of je nieuwe hobby. Het kan zijn dat je onbewust nog energie uitzendt naar de verkeerde mannen of vrouwen en dat je zelf ook nog met een gekleurde bril kijkt naar potentiële partners. Daarom is het heel belangrijk om bewust te kiezen hoe je jezelf profileert naar de buitenwereld; hoe je je kleedt, gedraagt, - zowel verbaal als non-verbaal - wanneer je nieuwe situaties onderzoekt. Dit zijn jouw communicatiemiddelen en vormen een deel van de basis waarop je ofwel een beschikbare ofwel een emotioneel onbeschikbare partner aantrekt. Wat voor persoon je aantrekt kan al afhangen van bepaald woordgebruik of flirtgedrag. Stel jezelf dus eens de vraag: 'Welke signalen stuur ik gedurende de dag uit?' Een andere manier om meer constructieve relaties aan te trekken is om regelmatig de tijd te nemen om te visualiseren wat voor relatie je wilt aantrekken. Ben hierin heel specifiek. Zie alle kenmerken en eigenschappen van deze persoon voor je, en visualiseer wat voor soort relatie je zult hebben met elkaar. Op deze manier laat je de wet van aantrekking voor je werken. Misschien ben je nog niet bekend met de wet van aantrekking dus voor ik verderga naar stap 3 zal ik hier eerst wat meer over vertellen.

DE WET VAN AANTREKKING

Alles in het universum is trilling, daar zijn alle wetenschappers het inmiddels over eens. Deze trilling is natuurkundig meetbaar. En er is een wet van resonantie. Dat wil zeggen, dat gelijksoortige trillingen elkaar aantrekken. Dit is dan ook een van de redenen waarom mensen met onveilige hechtingsstijlen elkaar aantrekken en mensen met gezonde hechtingstijlen elkaar aantrekken.

Ook woorden, gedachten en emoties hebben een eigen trillingsfrequentie, dus alles wat jij uitzendt resoneert met gelijksoortige woorden, gedachten en emoties in je omgeving en die trek je naar je toe. Je huidige situatie is het resultaat van al je gedachten, woorden, gevoelens en emoties uit het verleden, want dat heb je naar je toe getrokken. Dit kan bewust gebeuren, maar gaat meestal heel onbewust.

WAAROM WERKT HET NIET BIJ MIJ?

Misschien heb je je al eens verdiept in de wet van aantrekking en ben je erachter gekomen dat het voor jou niet werkt zoals je zou willen. Dat betekent niet dat het niet werkt. De wet van aantrekkingskracht werkt namelijk altijd, maar is niet zo eenvoudig als we in eerste instantie kunnen denken. We kunnen niet 'niet creëren'. Daar is geen ontkomen aan. Door de wet van resonantie trek je altijd iets aan. Dat kan niet anders. Waarschijnlijk zijn er nog tal van onbewuste gedachten, gevoelens, overtuigingen en oude wonden die mee hebben 'gecreëerd'. Wat denk en voel je nog meer? Wat draag je allemaal nog met je mee? Precies om die reden is het innerlijk werk zo belangrijk. Door met jezelf aan de slag te gaan, en je bewustzijn te versterken, kom je erachter welke oude overtuigingen en oude pijn je met je meedraagt die onbedoeld signalen het universum insturen.

WAAROM DE WET VAN AANTREKKING SOMS NIET LIJKT TE WERKEN

Een groot deel van onze gedachten is negatief en richt zich op de problemen die we in ons leven hebben en datgene wat we niet willen. Dit betekent voor de wet van aantrekking dat we aantrekken wat we niet willen. Als maar een klein deel van je gedachten positief is en een groot deel negatief, dan slaat de balans door naar je negatieve gedachten en is dat wat je aantrekt.

Emoties en gevoelens schijnen een veel sterkere trillingsfrequentie te hebben dan gedachten. Denk maar eens aan iets waar je je zorgen over maakt. Wat gebeurt er dan in je lichaam? Dit gevoel in je lichaam is veel sterker dan de gedachte alleen. Hetzelfde geldt voor vreugde of liefde. Ervaar maar eens het verschil door alleen te denken aan iets leuks en ga het dan vervolgens daadwerkelijk voelen en beleven in je lichaam. Bij kinderen kun je helemaal goed zien hoe sterk het effect van gevoel is. Ze reageren namelijk meestal niet op wat je zegt maar vooral op wat je doet en voelt. Belangrijk om te weten is dat wanneer je alleen maar iets denkt, zegt of visualiseert en dit niet werkelijk overeenkomt met je geloof van binnenuit dat het dan helaas geen effect heeft. Alleen vanuit werkelijke overtuiging zet je iets in gang.

Als je bijvoorbeeld alleen maar affirmeert dat je een gezonde relatie wilt, dat je meer geld wilt of dat je gelukkiger wilt zijn, maar diep in je hart twijfelt aan van alles, je jezelf niet goed genoeg vindt, of bang bent om jezelf echt te verbinden met een ander persoon, dan werkt geen enkel moodboard of visualisatie.

Het is dus heel belangrijk dat je gevoelens overeenkomen met je gedachten. Dat je op zijn minst bewust bent van alles wat er onbewust nog in jou leeft. Wanneer je je hiervan bewust bent, kun je het namelijk transformeren. Daarom is een wakker en bewust leven ook zo belangrijk. Je onbewuste gevoelens zijn doorslaggevend bij de werking van de wet van aantrekkingskracht en niet je bewuste gedachten.

HOE ZORG JE ERVOOR DAT DE WET VAN AANTREKKING WEL VOOR JE WERKT?

Door contact te maken met je ware zelf is er alleen maar eenheid, verbondenheid, vertrouwen en liefde. In contact met je hart is er geen angst, in tegenstelling tot je brein.

Je hoofd denkt vanuit dualiteit. Je hersenen hebben een linker- en een rechterhersenhelft. Je rechterhersenhelft staat in verbinding met je creativiteit en je hart. Je linkerhersenhelft is verbonden met je ego én je angst. Dus als je met je hoofd positieve dingen denkt, dan ontstaat in je hoofd tegelijkertijd ook de tegenstelling. Als je vanuit je hart wenst, vanuit wat je werkelijk verlangt, wat jou werkelijk inspireert, wat jou vreugde schenkt, dan is er alleen maar eenheid. In je hart bestaat geen dualiteit.

Je ware zelf staat in contact met je intuïtie, vreugde, liefde en met moeiteloosheid. Vanuit deze liefdevolle plek ga je creëren vanuit vreugde en liefde in plaats vanuit angst. Vaak bedenken we verlangens met ons hoofd, en dan zijn deze verlangens bijna altijd gebaseerd op angst. Juist dan trek je angst aan in plaats van je verlangens. Bijvoorbeeld: je wilt een relatie om liefde en vreugde te delen. Je voelt jezelf compleet als mens en het meeste van de tijd goed genoeg, gelukkig en veilig. Grote kans dat je een gezonde relatie zult aantrekken. Maar je kunt ook een relatie aantrekken vanuit een tekort, vanuit eenzaamheid of vanuit de angst om alleen achter te blijven. Grote kans dat je een relatie aantrekt die je niet gelukkig maakt. Een ander kan je namelijk niet gelukkig maken. Een ander kan je wel tijdelijk fixen.

Kijk daarom kritisch naar je verlangens en naar je motivaties. Zijn ze puur gebaseerd op liefde en vreugde? Of zijn je verlangens gebaseerd op een angst. Een tijdje geleden tijdens wat innerlijk werk kwam ik erachter dat ik op dit moment nog geen verlangen voel naar een relatie omdat er nog een angst in mij huist die bang is dat een relatie mijn leven opslokt of een wig creëert tussen mij en mijn in huis wonende puberdochter.

Als je vanuit je ware zelf de wet van aantrekkingskracht voor je laat werken dan manifesteer je werkelijk wat je wilt én wat bij je past. Dan is alles congruent. Dan staan je persoonlijkheid, je ware zelf en je gedachten en gevoelens op een lijn. Op deze manier zal de wet van aantrekking voor je gaan werken in plaats van tegen je.

WAT ZIJN KRACHTIGE HULPMIDDELEN?

Mediteren, ademwerk, schrijven met je innerlijk kind en met andere delen zijn allemaal zelfhelende methoden die ervoor zorgen dat je meer gaat leven vanuit je ware zelf. Al deze methoden zorgen ervoor dat trillingsfrequenties verhoogd worden. Dit is belangrijk, want pijn, verdriet en negatieve gedachten hebben een lage trillingsfrequentie. Lage frequentie trekt lage frequentie aan en hoge frequentie hoge frequentie. Om je op weg te helpen wil ik je kennis laten maken met het 7 stappen plan voor manifestatie.

1) Wat voor soort relatie wil je precies?

Bedenk eerst wat voor soort relatie je wilt manifesteren. Dit lijkt een voor de hand liggende stap, maar het is erg belangrijk dat je duidelijk voor ogen hebt wat voor relatie je precies wilt in je leven. Hoe moet deze gewenste relatie eruitzien? Wees heel specifiek.

2) Visualiseer de manifestatie van de perfecte relatie

Visualisatie is energetische communicatie en een belangrijke ondersteuning van je manifestatie! Zie het voor je en maak er een beeld van. Voel, ruik, proef en ervaar wat dit beeld met je doet.

3) Geloof in je manifestatie

Het is essentieel dat je volledig gelooft in je relatiemanifestatie. Gedachten als ‘dat lukt nooit’ en ‘dat is toch niet voor mij weggelegd’ zullen je manifestatie ontkrachten. Merk je dat negatieve gedachten je belemmeren of dat je geen vertrouwen hebt in manifestatie op zich? Lees dan eerst meer over de wet van aantrekking en resonantie en ga ademen, mediteren of een therapeutische sessie doen om je negatieve gedachte te transformeren naar positieve gedachten, of onderzoek waar een bepaalde angst die het vertrouwen in de weg staat vandaan komt.

4) De relatie is er al

Gedraag je alsof de relatie er al is. Geef jezelf alles wat je nodig hebt in een relaties. Als je gelooft dat je het al ontvangen hebt, dan zul je ontvangen. Je hoeft je alleen maar goed te voelen om te ontvangen. Je hoeft je niet af te vragen hoe het universum jouw wens gaat vervullen, want dat zorgt voor de frequentie van een gebrek aan vertrouwen, dat je het nog niet echt gelooft.

5) Zet stappen

Bedenk wat je zelf kunt doen om je manifestatie te ondersteunen. Ga op een datingsite, op salsales of zoek een hobby waar jij denkt dat jouw potentiële partner zou kunnen rondlopen. Hierdoor maak je jezelf zichtbaar en zet je de deur open om partners te kunnen ontvangen. Het universum zal ervoor zorgen dat je potentiële partners ook daadwerkelijk op deze datingsite staan of ook aan salsadansen doen.

6) Voel dankbaarheid

Bedenk eens waar je je dankbaar voor voelt. Dit kunnen kleine dingen zijn, maar ook grote dingen, zoals je gezondheid, familie, vrienden, je werk of gewoon de liefde die je voelt stromen. Hoe meer jij je focust op dankbaarheid, hoe meer het universum je dingen zal sturen om dankbaar voor te zijn

♡ Tip: Evalueer dagelijks je dag en schrijf minimaal 5 dingen op waar je dankbaar voor bent.

7) Wees positief

Realiseer je dat je gedachten en gevoelens een zeer bepalende factor zijn in je leven. Het is daarom ook van groot belang om je zoveel mogelijk op het positieve te richten, om zo ook het positieve aan te trekken. Probeer iedere negatieve gedachte te zien als een uitnodiging om naar jezelf te kijken en deze om te buigen naar iets positiefs. Als je deze techniek dagelijks blijft toepassen en iedere keer blijft herhalen, zul je merken dat je mindset veel positiever zal worden en je daardoor ook veel meer positiviteit zal aantrekken in je leven! Ter ondersteuning kun je schrijven, mediteren of ademsessies volgen zodat je vibratie hoog blijft.

Tot slot, mocht je manifestatie niet meteen lukken, zie dit dan niet als een mislukking, maar als een ervaring en leer hiervan!

STAP 3. De derde stap naar een gezonde relatie is: geef niet op! Wanneer we uit relaties komen met hoge pieken en lage dalen noemen we veilige stabiele relaties vaak saai. Neem de tijd om te herstellen van je eerdere patroon van ongezonde relaties en het vertrouwen op te bouwen dat het wel degelijk bestaat: een gezonde, leuke, stabiele relatie met passie. De neiging om het op te geven na drie of vier pogingen, is vaak een gebrek aan geloof en vertrouwen dat het goedkomt. Gebrek aan vertrouwen saboteert het proces van de wet van aantrekking, dus zorg dat je blijft werken aan geloof en vertrouwen. Er zijn vaak meerdere stappen nodig, meerdere partners nodig en meerdere dates nodig om ook die gezonde partner te vinden. Het kan verleidelijk zijn om na een aantal pogingen te denken: 'Zie je wel, het zal wel niks worden.' Als je weet dat dat moment van ongeloof kan toeslaan, zal je het eerder herkennen en kunnen elimineren.

STAP 4. Die vierde stap is het herkennen van de emotioneel beschikbare partner! Maar hoe herken je die? En hoe weet je wanneer je zelf klaar bent om deze partner aan te trekken. Een gezonde relatie draait voor 50% om gezond verstand en 50% om gevoel. Maya Angelou zegt: 'When someone tells you who they are, believe them the first time.' Mensen laten vaak heel duidelijk in woorden en daden zien wie ze zijn, geloof ze als ze dit doen en bouw geen relatie op op basis van de potentie die je in hem ziet. Potentie heeft iedereen, een goed hart de meeste van ons ook, maar dit is helaas niet genoeg voor een relatie die gelukkig maakt.

Om een gezonde relatie aan te gaan, zijn er bepaalde voorwaarden nodig waaraan jij en je toekomstige partner moeten voldoen.[9] Belangrijk is dat dit niet alleen de voorwaarden zijn waaraan je een toekomstige partner toetst, maar waar je zelf ook aan moet voldoen! Het gaat erom dat jullie beiden voldoen aan deze voorwaarden.

DE 10 VOORWAARDEN VOOR EEN GEZONDE RELATIE

1. De eerste basisvoorwaarde is het hebben van enige mate van zelfreflectie en zelfkennis. Je moet bereid zijn naar jezelf te durven kijken en daar lering uit kunnen trekken. Een gezonde relatie is als het kneden van deeg, je werkt er constant aan, je blijft in beweging, in ontwikkeling, om het

9) Ik heb me voor een deel van deze voorwaarden laten inspireren door de 6 eigenschappen die Carla Ketelaar in haar boek 'Vind je eindman' beschrijft. Als je na het lezen van dit boek behoefte hebt aan meer datingtips kan ik je haar boek van harte aanraden!

luchtig en soepel te houden en in de juiste vorm te kunnen gieten. Als je niet bereid bent om naar jezelf en je eigen patronen te kijken en daarvan te leren, zal de relatie niet werken.

2. De tweede voorwaarde is het hebben van een bepaalde mate van emotionele openheid. Je moet bereid zijn iets van jouw gevoelens te willen delen. Dit is nodig om echte intimiteit te kunnen opbouwen, je moet bereid zijn jezelf te laten zien, anders kan je niet jezelf zijn in de relatie en verval je al snel in de valkuil te vallen op een plaatje en niet op dat wat er echt is.
3. De derde voorwaarde is integriteit, dat je eerlijk bent. Dit is vaak een groot gebrek in ongezonde relaties en net als de andere karaktereigenschappen eentje die je zelf moet ontwikkelen, maar die je ook van een ander mag verwachten.
4. De vierde voorwaarden is volwassenheid en zelfstandigheid. Daarmee bedoel ik dat je volledige verantwoordelijkheid voor je eigen leven neemt en je niet gaat hangen aan een ander. Ook neem je verantwoordelijkheid voor je verleden. Accepteer hoe het tot nu toe is gegaan en hoe jij het hebt gedaan, blijkbaar heb je dit pad nodig gehad om te komen waar je nu bent. Het is je niet overkomen, maar het zijn stappen die jij gezet hebt in je leven met de kennis die je toen had. Maar nu ben je verder en neem je nieuwe stappen. Dat betekent: De volledige verantwoordelijkheid nemen voor jouw leven.
5. De vijfde voorwaarde is het hebben van een bepaalde mate van zelfvertrouwen, anders ben je niet toe aan een nieuwe relatie. Je hoeft er niet van over te lopen, je mag je best nog eens onzeker voelen, maar belangrijk is dat je een bepaalde gezonde mate van zelfvertrouwen hebt waardoor je kan

voelen dat je in de kern helemaal ok bent, dat je er mag zijn zoals je bent.

6. De zesde voorwaarde is het hebben van een positieve levensinstelling. Dit spreekt eigenlijk voor zich, er is genoeg in het leven om aan te gaan en als je niet gelooft dat je dit aankan of dat je ergens iets aan kan doen of veranderen, dan is het belangrijk hier eerst aan te gaan werken voor je een relatie aangaat. Anders zal je al snel in de valkuil trappen dat je een ander zoekt die je problemen voor je zal oplossen of het leven leuk voor je maakt.
7. De zevende voorwaarde is zelfliefde. Het is belangrijk dat er een bepaalde mate van zelfliefde aanwezig is, zowel bij jezelf als bij de ander. Daarmee bedoel ik dat je jezelf kunt dragen wanneer je je gekwetst of afgewezen voelt en dat je ook een gelukkig leven kunt leiden zonder een relatie. Je levensgeluk is niet afhankelijk van liefdesrelaties en dat draag je intrinsiek met je mee.
8. De achtste voorwaarde is zelfverantwoordelijkheid. Zelfreflectie, de eerder genoemde eigenschap is nodig om zelfverantwoordelijkheid te kunnen dragen voor je eigen oude wonden. Wanneer je getriggerd raakt door een situatie of iets wat je partner zegt, doet, denkt of voelt dan kun je vanuit reactiviteit de ander aanvallen en verantwoordelijk maken voor de gevoelens die het bij jou teweegbrengt. Een gezondere, constructievere manier is zelfverantwoordelijkheid te dragen voor alles wat je voelt. In een relatie is er grote kans dat er kindstukken geraakt worden. Door hier eerst innerlijk werk op te doen en dan indien nodig vanuit je volwassen bewustzijn het gesprek met je partner aan te gaan, behoud je je zelfverantwoordelijkheid. Wanneer je partner dit ook doet, zorg je voor veel minder strijd en ru-

zie. Op deze manier een liefdesrelatie aangaan wordt ook wel 'spiritueel partnerschap' genoemd.

9. De negende voorwaarde is een bepaalde mate van geestelijke gezondheid. Actieve verslavingen, depressies, persoonlijkheidsstoornissen en andere geestelijke problemen zullen je kansen op geluk in de liefde doen verminderen. Wanneer je iemand leert kennen en je weet dat diegene aan een van bovengenoemde stoornissen lijdt, heb je een keuze om hier voor te gaan of niet. In een later stadium, wanneer de liefde gegroeid is, wordt het moeilijk om afscheid te nemen van iemand waar je inmiddels gehecht aan bent geraakt. Dit betekent overigens niet dat het onmogelijk is om gelukkig te worden met iemand die lijdt aan bovengenoemde problematiek, maar het verkleint wel aanzienlijk je kansen en vergroot de kans op moeilijkheden in de relatie.
10. De tiende voorwaarde is gezonde communicatie. Gezonde communicatie is heel belangrijk in iedere relatie. Zelf hanteer ik onder andere de regels van feedback geven en ontvangen zowel bij het stellen van gezonde grenzen als bij communicatie op alle gebieden en relaties. Veel stellen die deze regels toepassen zijn zeer enthousiast over deze simpele techniek die grote verschillen maakt.

Durf bovenstaande tien eigenschappen mee te nemen naar je nieuwe relatie en echt afscheid te nemen als een partner hier helemaal niet aan voldoet. Als een partner onverantwoordelijk is, als hij bijvoorbeeld nog bij zijn moeder woont, of al heel lang geen werk heeft en daar ook geen moeite voor doet, of zodra je merkt dat hij oneerlijk is over zaken of actieve verslavingen heeft, dan kan iemand nog zo leuk zijn, maar kan je er beter niet aan beginnen, al ben je nog zo verliefd. Dit alles gezegd hebbende, hoeven we gelukkig niet 'af' te zijn.

Vaak wordt er gezegd dat we eerst onvoorwaardelijk van onszelf moeten houden voor we een relatie kunnen aangaan en dit is niet waar. Dat zou betekenen dat je perfect moet zijn en dat bestaat niet. Wij zijn als mensen imperfect perfect. Imperfectie is inherent aan mens zijn. Perfectie van jezelf eisen is een symptoom van codependentie. Dat je nooit meer onzeker, boos, bang of verdrietig mag zijn, kan helemaal niet. Het gaat erom dat je een bepaalde mate van zelfliefde als basis hebt waarmee je deze gevoelens tegemoet durft te treden, dat je weet hoe je voor jezelf moet zorgen en je dat met liefde kan doen. Belangrijk is dat je een bepaalde mate van tevredenheid in je leven voelt van waaruit je vertrekt zonder dat je iemand anders nodig hebt om je goed te voelen.

Belangrijk is dan ook om op die manier naar bovenstaande tien eigenschappen te kijken. Op het moment dat je jezelf of een potentiële partner 'toetst' aan de hand van deze eigenschappen, gaat het niet om perfectie. Jij, en je potentiële partner, mogen je nog ontwikkelen, als er maar een gezonde basis ontwikkeld is. Als je op al deze eigenschappen een vijf scoort, dan ben je al toe aan een relatie of is je potentiële partner interessant genoeg om beter te leren kennen.

Daarnaast wil ik nog aankaarten dat er vaak wordt gezegd dat vrouwen heel kritisch zijn, maar volgens mij zijn ze niet kritisch genoeg. Vaak zijn we kritisch op de verkeerde zaken. We kijken naar hoe iemand eruit ziet, wat hij doet voor werk, hoeveel hij verdient, of naar hoe sexy, passievol en vrij hij is, zonder te kijken naar die basiseigenschappen waarop je een gezonde relatie kunt bouwen. Ik was bijvoorbeeld helemaal niet kritisch genoeg op eerlijkheid. Dat had ik best kunnen zien, maar ik was zo vol verlangen en er was zoveel spanning dus ik liet dat maar zo. Hetzelfde gold voor volwassenheid en verantwoordelijkheid. Ik viel op de spontane, sociale man die hield van een drankje of een pilletje, zonder te zien dat hij geen verantwoordelijkheid nam voor de echte zaken in het leven. Hierdoor negeerde ik zijn verslavingen. Ik was me nog niet bewust van het lijstje, maar vandaag de dag is het altijd fijn om bij twijfel hier even naar terug te grijpen.

RELATIES GEBASEERD OP BINDING OF VERBINDING

Bij het onderzoeken wat kenmerkend is voor verslavende relatiepatronen, kwamen we erachter dat in verslavende relaties geen sprake is van echt intimiteit. Zowel de verlatings-angstige als de bindingsangstige zijn in de kern eigenlijk bang voor deze echte intimiteit. Het is ook wel het verschil tussen een relatie waarin sprake is van binding (geen echte intimiteit) of van verbinding (wel echte intimiteit).

Een relatie die gebaseerd is op binding heeft zijn wortels in de strategieën die je als kind hebt ontwikkeld als antwoord op een onveilige jeugd. Je relatie kent hoge pieken en diepe dalen, maar noch jij, noch je partner laten zich zien in kwetsbaarheid. Uit angst voor afwijzing en verlating durven jullie niet je ware zelf aan elkaar te tonen, waardoor er ook geen sprake is van wederkerigheid en echte verbinding. Het contact voelt leeg en hol en je kunt je eenzaam voelen in de relatie. Binding is gebaseerd op angst en het vermijden van werkelijke intimiteit. Je benadert de ander vanuit een vals zelf en vanuit vaststaande overtuigingen. Je wilt versmelten met de ander, er ontstaat verstrengeling en beiden voelen jullie je onvrij.

Hoe herken je een relatie uit binding?

- Jij of de ander kan niet zichzelf zijn. Voor bepaalde meningen, gevoelens of gedrag is geen plek. Misschien mag jij van je partner niet alleen uit, misschien mag je partner van jou anderen niet aantrekkelijk vinden.
- Je voelt onvrede of onrust. Het is nooit zoals jij dat wilt tussen jullie en je focust je op wat er allemaal mis is. Je probeert dit te fixen door jezelf te veranderen, of door je partner te willen veranderen, maar je bereikt nooit het doel dat je voor ogen hebt.
- Je partner voelt als je rots in de branding, of jij voelt je juist de redder van je partner. Het is altijd dezelfde persoon die de sterkere is, die de ander troost en geruststelt. Als een van jullie uit deze vaste rolverdeling stapt, voelt de ander zich bedreigt.
- Je bent bij elkaar vanwege je geloof in het perfecte plaatje. Voldoet de relatie niet aan dit plaatje, dan probeer je uit alle macht je relatie te veranderen. Het aanvaarden van de relatie zoals die werkelijk is, is ondenkbaar.

Een relatie die gebaseerd is op verbinding is stevig verankerd in het hier en nu. Je relatie is gelijkmatig en diepgaand. Kindpijnen die naar boven komen projecteer je niet op de ander, maar je draagt er zelf zorg voor. Jullie zijn niet bang om afgewezen te worden als je jezelf bent in het contact en juist hierdoor ontstaat de diepere verbinding. Jullie relatie voelt vol en rijk en je weet met elkaar in verbinding terug te keren, ook wanneer er eerder geen verbinding was of die tijdelijk verdween.

Beiden zijn jullie beschikbaar voor ware intimiteit en jullie zijn bereid je hiervoor kwetsbaar op te stellen. Je wilt de ander zien en kennen en tegelijkertijd blijf je jezelf. Zo ontstaat er tussen jullie een verbinding in vrijheid.

Hoe herken je een relatie in verbinding?

- Je kunt volledig jezelf zijn en je partner ook. Natuurlijk zijn jullie het soms met elkaar oneens, maar daar is ruimte voor. Doordat jullie allebei goed weten wie je bent en wat je wilt, voelen verschillen tussen jullie niet bedreigend.
- Je voelt rust en vrede over je relatie, ook al hebben jullie soms ruzie. Een ruzie concentreert zich op kwesties in het hier en nu en jullie nemen beiden zelf de verantwoordelijkheid voor jullie gekwetstste kind.
- Je partner en jij zijn gelijkwaardig aan elkaar, de ene keer steun jij je partner, de andere keer steunt je partner jou. Wie wie steunt hangt af van de situatie en niet van een vaste rolverdeling tussen jullie.
- Jullie zijn bij elkaar omdat dit is wat jullie nu willen. Mocht dat in de toekomst veranderen, bijvoorbeeld doordat jullie verlangens te veel uiteenlopen, dan is dat weliswaar verdrietig, maar geen reden om te proberen de ander te veranderen. Jullie kunnen elkaar dan in liefde loslaten.

In een gezonde relatie is er dus wel sprake van echte intimiteit, misschien dat het na het lezen van het verschil tussen relaties van binding of verbinding al iets helderder is wat intimiteit inhoudt, maar ik wil er nog iets dieper op ingaan.

INTIMITEIT EN DE VERSCHILLENDE NIVEAUS

Intimiteit houdt een uitwisseling van onze realiteit in. Je realiteit omvat verschillende niveaus: je lichaam, je gedachten, je gevoelens en je gedrag. Als we onze realiteit uitwisselen, dan betekent dit dus dat we onze gedachten, gevoelens, acties en ons lichaam, of een van deze niveaus van onze realiteit, met elkaar delen. De ene persoon geeft, de andere ontvangt. Soms doen we dit tegelijkertijd en is er sprake van wederkerigheid.

In codependent relaties is er meestal een gebrek aan wederkerigheid en vindt de uitwisseling van geven en ontvangen niet tegelijkertijd plaats, of is deze niet in balans. Intimiteit houdt ook in dat je je kunt verplaatsen in de realiteit van een ander zonder dat een van beide partijen over de realiteit van de ander oordeelt of die probeert te veranderen. Laten we even kijken naar intimiteit op de verschillende niveaus.

Lichamelijke intimiteit

Lichamelijk intimiteit betekent het delen van je lichaam op een niet-seksuele manier, we spreken ook vaak van fysieke intimiteit. Je kunt hierbij denken aan het geven van knuffels, een arm om iemand heenslaan, een kus geven op de wang.

Seksuele intimiteit

Seksuele intimiteit betekent het delen van elkaars lichaam op een seksuele manier, voorspel en naspel horen hier ook allemaal bij.

Intellectuele intimiteit

Intellectuele intimiteit betekent dat je gedachten en ideeën over bepaalde onderwerpen met elkaar deelt.

Emotionele intimiteit

Emotionele intimiteit betekent dat je gevoelens op een veilige manier met elkaar deelt zonder dat je elkaars realiteit probeert te veranderen.

Relatieverslaving en codependentie symptomen staan gezonde intimiteit in de weg waardoor het goed mogelijk kan zijn dat jij of je (ex) partner moeite heeft op een van deze gebieden met geven of ontvangen of allebei.

Intimiteit met jezelf

Als je geen echte intimiteit kent doordat je altijd in verslavende relaties hebt gezeten, waarin er geen sprake was van echte intimiteit, van wederkerigheid en een veilig basis om intiem te kunnen zijn op al deze niveaus, dan loop je nu misschien met de vraag rond hoe je een diepere intimiteit kunt voelen met je partner, of als je geen partner hebt, dan verlang je misschien naar een partner om intimiteit mee te kunnen delen.

Maar eigenlijk zou je je eerst moeten afvragen: hoe diep is de intimiteit met mezelf? Hoe intiem durf ik te zijn op fysiek, mentaal, emotioneel en spiritueel niveau met mezelf? Dat zou je kunnen zien als een voorwaarde om een intieme relatie met een ander aan te gaan. Je bent uiteindelijk 24/7 met jezelf, dus je zou eigenlijk eerst je eigen allerbeste, liefste vriendje/vriendinnetje moeten kunnen zijn, voor je dat voor een ander kan zijn of voor je weet wat je eigenlijk nodig hebt van een partner voor intimiteit en hoe je dat met hem aangaat.

Een manier om in contact te komen met jezelf is vertraging, iets wat voor mij nog altijd een uitdaging is. Op vakantie ben ik er erg goed in, waardoor de relatie met mezelf altijd weer verdiept, maar zodra ik terugkom word ik vaak weer geleefd door het leven en zijn er meestal maar twee momentjes per dag dat ik echt vertraag: 's ochtends wanneer ik me afstem op mijn intentie voor de dag en 's avonds in bed als ik evalueer hoe mijn dag is verlopen en hoe ik voor het kleine meisje in mij heb gezorgd.

In onze maatschappij, en zeker ook in mijn leven, is het de norm om te rennen. De wekker gaat vroeg, meteen wordt de telefoon erbij gepakt, Facebook en mail gecheckt, we gaan meteen praktisch aan de slag. Eigenlijk is er weinig ruimte om te voelen, om jezelf af te vragen: 'Wat speelt er in mij?' We vermijden meteen al het contact. Door te vertragen in het leven, kun je tussendoor contact gaan maken met jezelf. Dat kan al door als je 's ochtends wakker wordt niet meteen naar je telefoon te grijpen, maar om jezelf even de ruimte te gunnen om je af te vragen: 'Hoe gaat het eigenlijk met mij? Hoe word ik wakker? Wat heeft mijn innerlijk kind vandaag nodig?' Dat is een goede basis om je dag mee te beginnen. Op dit contact met jezelf kan je de rest van je dag voortborduren, op je werk, in contact met je kinderen, zolang je maar in jezelf geankerd bent. Als je niet vertraagt, blijf je al snel in je hoofd hangen.

Op het moment dat we een relatie met onszelf beginnen en bestendigen, komen we niet alleen fijne maar ook nare gevoelens in onszelf tegen: wanhoop, onmacht, onrust, leegte, eenzaamheid, noem maar op. Dat maakt eigenlijk al dat we bijvoorbeeld niet op de bank willen zitten met niets om handen, want dan kunnen die gevoelens zich openbaren. We blijven liever rennen en zo houden we het patroon in stand.

Het omarmen van zowel positieve als negatieve gevoelens en die erkennen, is intiem zijn met jezelf. Als je er 'ja' tegen kan zeggen, zonder ze te vermijden. Als je er op die manier voor jezelf kunt zijn, kan je er ook op die manier voor een ander zijn, je eigen gevoelens uiten naar een ander en die prioriteit maken. Alles in de buitenwereld is een spiegel. Op het moment dat je in contact staat met jezelf, dan kom je in contact met een ander en dan laat je jezelf gewoon zien. 'Dit is wie ik ben. Ik heb angst, onzekerheid en dat mag er gewoon zijn. En ook voor jouw angst en onzekerheid ben ik niet bang, omdat ik die van mezelf heb omarmd, kan ik ook die van jou omarmen.' Dit gedicht van Jeff Foster geeft dit heel mooi weer.

FUCK UNCONDITIONAL LOVE

Fuck unconditional love.
You can't do it.
It's an impossible goal
that makes you violent inside.
But you can
embrace
your imperfect attempts to love,
your conditional search for love,
your failure to reach the ideal,
your sorrow, your fear,
your exquisite shame,
your ecstasy and your agony,
your inherited ideas of love,
your messy, deeply conditioned human love,
in unconditional
present
awareness.
Friend, even your failure to love
unconditionally
is welcome here,
unconditionally.
And that is the true meaning
of unconditional love.

- *Jeff Foster*

RUIMTE VOOR AANTEKENINGEN

8.

ZELFHELENDE METHODEN

"Er verandert niets,
wanneer er niets erandert."

In mijn methode van heling en herstel gebruik ik het delenwerk, het innerlijk kindwerk en het ademwerk als zelfhelende methoden. Ik zie het als mijn missie om anderen de weg te wijzen hoe hun verslavende relatiepatronen los te laten, en ze een methode aan te reiken waar ze voor de rest van hun leven profijt van kunnen hebben, waar ze zélf mee aan de slag kunnen! Persoonlijk vind ik de drie methoden die ik in dit boek toelicht de meest krachtige, transformerende en zelfhelende methoden om dit te doen, maar er bestaan uiteraard nog vele andere methoden die mogelijk net zo krachtig zijn. We bezitten allemaal die overvloedige bron van liefde, het ware zelf. Deze bron kan ons helpen om te gaan met alles wat er op ons pad komt. Ik wens niets liever dan dat ook jij contact kan maken met je ware zelf, welke methode dan ook voor je werkt.

Aangezien we allemaal anders en uniek zijn, is het niet meer dan logisch dat de ene zelfhelende methode beter bij je past dan de andere. Vaak leggen ze ook net de nadruk op een ander aspect. Om die reden wil ik je in dit hoofdstuk kort kennis laten maken met andere methoden. Wie weet zit er iets tussen wat je aanspreekt en wil uitproberen. Omdat het innerlijk kindwerk en delenwerk al aan bod is gekomen, zal ik hier alleen ingaan op andere (zelfhelende) methoden waar ik positieve ervaringen mee heb. Daarbij is het niet mijn bedoeling om één methode superieur te maken aan de andere, maar vooral om je te laten inzien dat juist de combinatie van deze verschillende invalshoeken het daadwerkelijke verschil kan maken. Het beste is denk ik altijd om een probleem van meerdere kanten aan te vliegen zodat er op meerdere lagen verandering plaats kunnen vinden. Iedere therapie heeft een eigen invalshoek, maar werkt uiteindelijk altijd via de insteek van veranderen van gedachten, veranderen van gevoelens of het veranderen van gedrag.

GEDACHTEN, GEVOEL, GEDRAG

Naar de meeste alternatieve therapieën is nog onvoldoende onderzoek gedaan, maar gelukkig gebeurt dit steeds meer, met positieve uitkomst. Mijn eigen ervaring weegt voor mij persoonlijk het zwaarst. En ik wil jou uitnodigen om zelf ook op onderzoek uit te gaan naar wat voor jou het beste werkt. Iedereen is anders en iedere fase van herstel is ook anders waardoor verschillende therapieën op verschillende momenten bij verschillende personen wel of niet heilzaam kunnen zijn. Onderga en ervaar.

LICHAAMSGERICHTE THERAPIE

Lichaamsgerichte therapie omvat alle soorten therapieën die het lichaam als uitgangpunt nemen van het therapeutisch proces. Doordat je gevoelens structureel onderdrukt door middel van je overlevingsstrategieën, sla je deze onverwerkte gevoelens als spanning op in je lichaam. Door bijvoorbeeld ademwerk te doen kun je deze gevoelens naar de oppervlakte brengen, alsnog doorvoelen, integreren en loslaten. Een vorm van lichaamsgerichte therapie is ademwerk. Dit lichaamswerk is het enige werk dat me heeft doen beseffen dat ik, jij, en wij allemaal van oorsprong een pure bron van liefde en vreugde zijn. De adem is een toegangspoort die je naar dat bewustzijn kan brengen. Dat is een cadeau, een godsgeschenk zou je het kunnen noemen, dat we allemaal bij ons dragen en waar nog veel te weinig mensen weet van hebben terwijl het zo fijn is dat je het altijd zelf bij je hebt!

Voordat ik ooit een ademsessie gedaan had, had ik al tientallen spirituele boeken gelezen over de kern, de bron en het ware zelf maar het bleef altijd zeer abstract. Rationeel begreep ik wat er bedoeld werd, gevoelsmatig kon ik het echter niet ervaren. Ik snapte het, maar had eigenlijk geen idee waarover ze het hadden. Onze overtuigingen, emotionele wonden en overlevingsstrategieën komen als het ware tussen deze bron en onszelf in te staan. Wanneer ik geïdentificeerd raak met een negatieve overtuiging, boosheid of een stukje zelfafwijzing dan kan ik gaan ademen en binnen een half uur weer terugkomen bij mezelf, bij de liefde die ik ben. Hoe gaaf is dat! Dat je een zelfhelende tool in handen hebt, die je onafhankelijk van anderen maakt.

Aandachtspunt is wel dat je pas zelfsessies kunt doen wanneer je al een aantal begeleide sessies hebt gehad, het liefst een heel seminar of een retraite. Het is namelijk belangrijk dat je de techniek goed uitvoert en alle emotionele, spirituele processen die je mee kunt maken tijdens een ademreis al een keer hebt meegemaakt zodat je je veilig en vertrouwd voelt wanneer je een moeilijk stuk in een zelfsessie tegenkomt. Je weet dan hoe je jezelf kunt dragen.

TRANSFORMATIONAL BREATH®

Het ademwerk waar ik mee werk is Transformational Breath® Dit is een zachte, liefdevolle, krachtige en zelfhelende ademtechniek om je ademhalingssysteem optimaal te gaan gebruiken. Het laat licht schijnen op onverwerkte zaken waardoor er ruimte komt voor vrede, vreugde en liefde. Het ondersteunt je om gevoelens die onderdrukt zijn naar de oppervlakte te krijgen en dat je wegtrekt uit je ratio en in je lijf brengt, naar het voelen. Voor mij was dat een heel belangrijk proces. Deze verbonden ademtechniek werkt op verschillende niveaus, zowel fysiek, mentaal, emotioneel als spiritueel.

Fien maakte in 2013 kennis met deze tool tijdens een Transformational Breath® Seminar Level I, II, III:

'De eerste keer dat ik in aanraking kwam met Transformational Breath® was ik slechts een schim van de persoon die ik nu ben. Jaren aan destructieve relaties eisten hun tol, zowel fysiek, als mentaal-emotioneel, en spiritueel. Ik had een paar maanden daarvoor met zeer veel moeite een destructieve relatie verbroken. Dit mondde uit in geweld tegen mij en ik was vervuld van schok en afschuw over deze daad.

Ik vluchtte in mijn werk en in alcohol en putte mezelf zo steeds verder uit. Iedere dag voelde ik dat ik een stap dichterbij een volledige instorting kwam. Er was één lichtpuntje; ik had eerder een vakantie geboekt naar Thailand. Ik nam mezelf voor: die drie weken worden voor mij de ommezwaai.

Eenmaal in Thailand zwoor ik de alcohol af en stortte ik me op mijn herstel. Yoga, massages, chanting, satsangs… alles wat me aansprak, greep ik aan. Ik was vastberaden belangrijke stappen te zetten naar herstel en heling. En het lukte. Ik voelde mijn kracht langzaam terugkeren en kreeg steeds meer vertrouwen in mezelf. Het was in zo'n bui vol vertrouwen en hoop dat ik de aankondiging zag van het Transformational Breath® Seminar Level I, II en III. Zes dagen verbonden ademen en op die manier werken aan mijn persoonlijke ontwikkeling. Intuïtief wist ik dat dit was wat ik moest doen om een grote stap vooruit te zetten. Ik schreef me meteen in.

De zes dagen van het Transformational Breath® Seminar vormden een totale ommezwaai voor mij. Vanaf de eerste minuut ademen merkte ik de helende kracht ervan. Het was allemaal nieuw, ik vond het spannend en ik snapte er helemaal niets van, maar één ding kon ik wel en dat was ervaren wat het verbonden ademen met me deed. De eerste paar sessies merkte ik het effect vooral fysiek. Ik voelde me energieker en veerkrachtiger, alsof er een last van me af was gevallen, alsof er meer leven in me zat. Voelde ik mij eerder soms net een verlept plantje, nu kwam ik langzaam tot bloei! Ik kreeg weer kleur op mijn gezicht, ik kreeg meer 'body'.

Ook emotioneel ging ik de diepte en de breedte in: ik kwam niet meer alleen bij mijn woede en angst, maar ook bij mijn verdriet. Diep verdriet over alles wat was gebeurd en wat ik niet had kun-

nen voorkomen. Het welde in mij op vanuit mijn tenen en golfde door mijn hele lijf. Laag na laag, sessie na sessie, dag na dag. Ik liet los en kwam steeds dichter bij mezelf.

Eerst kwam het verdriet naar boven, later volgden vele andere onderdrukte emoties en negatieve overtuigingen. Stuk voor stuk kwam ik ze onder ogen om zo mijn heling te ontvangen. Mijn gedachten en gevoelens maakten een transformatie door: ik voelde voor het eerst in mijn leven rust, vrede en liefde in mezelf.

Tijdens de sessies heb ik me ook kunnen verbinden met mijn hogere zelf. Ik kreeg inzichten waardoor ik de dingen die gebeurd waren in perspectief kon plaatsen. Haarscherp realiseerde ik me dat de taak aan mij was om via al mijn ervaringen te groeien. Ook, nee zelfs juíst, van de pijnlijke. Dat ik pijnlijke ervaringen daarmee ten goede kan keren, voor mezelf en voor iedereen om me heen. Ik zag in dat het niet gaat om wat er gebeurt in mijn leven, maar om hoe ik er mee omga. Hiernaar leven vormt voor mij de zin van het bestaan en ik ben tot op de dag van vandaag dankbaar voor dit bredere perspectief op mijn leven.

Transformational Breath® heeft voor mij hiermee het fundament gelegd voor mijn heling en herstel van relatieverslaving en codependentie. Na het seminar was ik er nog lang niet, maar ik wist wel dat ik er zou komen. Het vertrouwen dat ik tijdens de sessie heb gekregen in mezelf en in mijn vermogen tot emotionele heling hebben mij de weg gewezen naar een gelukkig en vrij bestaan.'

COGNITIEVE THERAPIE

Cognitieve therapie is een wetenschappelijk onderzochte methodiek. Het beïnvloed gedachten waardoor gevoelens en gedrag veranderen. Of het de beste manier is voor het doorbreken van relatieverslaving en codependentie betwijfel ik. Veel van mijn cliënten, hebben eerder in hun leven cognitieve therapie gehad, maar het heeft hen uiteindelijk niet de daadwerkelijke veranderingen gebracht die ze zochten. Dat betekent niet dat deze vorm van therapie niet voor jou zou kunnen werken.

Zelf heb ik ooit cognitieve therapie gevolgd voor mijn eetstoornis. Dit was zeker waardevol, maar het zorgde niet voor het stoppen met dwangmatig overeten. Het biochemische aspect van de verslaving woog destijds veel zwaarder dan de overtuigingen die eraan ten grondslag lagen. Door jarenlang cocaïne en xtc gebruik was er een disbalans in het beloningssysteem van mijn brein ontstaan waardoor ik heel gevoelig was geworden voor suiker en tarwe. Deze middelen waren van grote invloed op de serotonine en dopamine afgifte. Mijn brein zocht naar middelen om die disbalans te herstellen. Mijn brein probeerde dit te doen d.m.v. suiker. Nu is mijn brein inmiddels weer wat meer in balans en heb ik geen problemen meer met suiker of tarwe. Tevens vermoed ik dat er ergens een link van herstel is geweest met mijn zwangerschap. Dat er na mijn zwangerschap hormonaal iets is veranderd waardoor het dwangmatig overeten steeds meer naar de achtergrond is verdwenen. Ik ben hiervoor heel dankbaar.

MINDFULNESS

Tegenwoordig gaat het veel over Mindfulness. Wat een combinatie is van oosterse meditatie en westerse cognitieve therapie. Vipassana is een meditatietechniek die heel erg effectief is om ervoor te zorgen dat je reactiviteit, het reageren vanuit impuls, automatisch pilootgedrag oftewel de 'trance' doorbroken wordt. De techniek kan ervoor zorgen dat er ruimte ontstaat tussen een gevoel of gedachte en de reactie daarop.

Meditatie heeft mij heel erg geholpen bij het doorbreken van onder andere dwangmatig overeten. Door tijdens het mediteren opmerkzaamheid te beoefenen werd mijn automatische piloot modus - onderdeel van verslavingsgedrag - doorbroken. Het beoefenen van opmerkzaamheid helpt je te ervaren wat voor gevoelens en sensaties zich afspelen in jouw lichaam en wat voor gedachtes er rondspoken in je hoofd. Ongeveer twintig jaar geleden maakte ik voor het eerst kennis met Vipassana. Ik beoefende het wekelijks, maar pas op een weekend retraite ervaarde ik een doorbaak. Ik worstelde op dat moment met dwangmatig overeten en ik ervaarde altijd heel veel trek als ik op een bushalte stond te wachten. De bushalte was voor mij een trigger. Wanneer ik het koud had en ongeduld voelde, dan wilde ik altijd chocola eten. Altijd, iedere dag opnieuw. Toen ik terugkwam van mijn weekend mediteren, stond ik weer op een bushalte en daar was weer die trek, dat enorme verlangen. Alleen het grote verschil met voorheen was dat ik als een soort derde persoon, vanuit een helikopter op mezelf neerkeek en opmerkte: 'Oh, ik heb trek, er is verlangen, maar dat betekent niet dat ik er op hoef te reageren.' Deze reactie was voor mij volledig nieuw en waardevol. Dit is een essentieel en belangrijk proces geweest bij het doorbreken van al mijn verslavingen.

PRI

Past Reality Integration van Ingeborg Bosch was voor mij de eerste therapie die me bewust maakte van oude kindpijn. Iets wat we allemaal met ons meedragen en wat ervoor zorgt dat we overlevingsstrategieën inzetten. Het was voor mij heel waardevol om het kindbewustzijn te ontdekken, maar wat ik in de therapie miste, was het innerlijke kindwerk. De therapie stopte bij het doorvoelen van de oude pijn, maar met het innerlijk kindwerk heb ik geleerd om vanuit de volwassene in mij zorg te dragen voor alles wat ik nodig heb. Dat was voor mij een zeer waardevolle aanvulling.

EMDR

Door EMDR verwerk je de gevoelens vanuit het emotionele brein en breng je ze naar het rationele brein. EMDR is een wetenschappelijk onderzochte therapie. Uit diverse onderzoeken blijkt dat EMDR een effectieve behandeling is voor acute en chronische PTSS, waarbij een eenmalig trauma in een beperkt aantal zittingen zodanig kan worden verwerkt dat patienten niet meer aan de criteria van een PTSS voldoen (bijv. Bisson et al., 2007; Chen, Zhang, Hu, & Liang, 2015; Gerger et al. ,2014; Watts et al., 2015). Een ander onderzoek naar het effect van EMDR bij PTSS als gevolg van vroegkinderlijke traumatisering laat ook een relatief groot effect zien (Ehring et al., 2014. Uiteraard reageert iedereen anders op iedere therapie en hoe complexer het trauma, hoe meer sessies er nodig zijn.

Zelf werk ik met mijn cliënten eerst aan het ontwikkelen van wat 'ik sterkte' noem; het ontwikkelen van het volwassen autonome zelf. Zodra we beide het gevoel hebben dat je genoeg draagkracht hebt om het trauma onder ogen te zien, kunnen we met EMDR aan de slag. EMDR is tevens in te zetten als zelfbeeld reparatie, maar ook om het obsessieve verlangen naar een bepaald persoon, relatie of middel af te laten nemen. Ik ben zeer enthousiast over deze resultaten.

TANTRA

Tantra is een spirituele stroming die je kan helpen om je te ondersteunen bij het verbinden met jezelf en de ander om jezelf vanuit echtheid te durven laten zien. Dat kan zijn op het gebied van intimiteit, seksualiteit, maar je kan het op nog veel meer gebieden verkennen. Tantra is geen therapie, maar kan wel van grote waarde zijn bij je reis naar zelfliefde.

ZELFHULPGROEPEN VANUIT DE 12 STAPPEN

De 12 stappengroepen, vinden hun oorsprong in Amerika, en zijn ondersteunend om in groepsverband, ervaring, kracht en hoop te delen, dit kan helpen en steunend zijn, bij het gestopt blijven met middelengebruik, alcohol, of ander verslavend gedrag. Gekoppeld aan deze groepen, is een 12 stappen programma beschikbaar, dit is een spiritueel groeiprogramma. Stap een geeft inzicht, en overzicht. Deze eerste stap is gericht, op het doorbreken van ontkenning, een van de primaire kenmerken van de ziekte verslaving. In stap een, erkent men dat er sprake is van een probleem, en dat hiervan de gevolgen zichtbaar zijn in alle facetten van ons leven. De overige stappen houden zich bezig met o.a. spirituele uitgangspunten, en zelfontwikkeling, zodat herstel mogelijk is. Ik ben in 1990 voor herstel van mijn cocaineverslaving, aan een 12 stappen groep gaan deelnemen. Hier ben ik tot inzicht gekomen dat mijn verslaving veel dieper ligt dan mijn hang naar middelen, en dat gedrag slechts een symptoom is van een dieper liggend probleem.

Toen ik stopte met alcohol en drugs duurde het niet lang voordat mijn eetstoornis actief werd. Deze had zich al ver voor mijn alcohol- en drugsverslaving ontwikkeld. Toen mijn dwangmatig eten stabiel werd, kon ik duidelijk merken dat mijn dieptelaag, dus relatieverslavingspatronen en mijn codependentie, op de voorgrond kwamen. Het maakte duidelijk voor mij dat mijn verslaving in de kern veel meer omvat dan het gebruik van een middel, of het herhalen van bepaald gedrag. Het lotgenotencontact, de saamhorigheid en verbinding binnen de 12 stappen beweging, heeft mij geholpen om te herstellen, en verbinding te maken met mensen die eenzelfde proces doorliepen in herstel van verslaving.

Het programma, en samenwerken met een sponsor, hebben mij geholpen op de weg in herstel. Een sponsor, deelt vanuit eigen ervaring, kracht en hoop, hoe hij/zij de 12 stappen heeft doorlopen. Hiermee kan deze persoon ondersteuning bieden in jouw herstel. Dit is een belangrijke factor gewees binnen mijn eigen herstel. Ik voelde me werkelijk begrepen en kreeg waardevolle suggesties van mensen die daadwerkelijk konden uitleggen, vanuit eigen ervaring, wat wel of niet voor hen gewerkt had. Dit is voor mij een krachtige combinatie gebleken; het inzetten van de eigen ervaringskennis, deskundigheid en suggesties, die werkbaar zijn op alle vlakken in mijn leven.

Echter voor mijn eigen herstel, is er uiteindelijk meer nodig geweest dan alleen het bezoeken van zelfhulpgroepen en het doorlopen van de 12 stappen. Ik denk dat een combinatie van zelfhulpgroepen en therapie, uiteindelijk het beste voor mij heeft gewerkt, om de diepere lagen in mijzelf te helen.

Andere methoden als Transformationele breath®, innerlijk kindwerk, delenwerk, Meditatie (Viapassana) en EMDR waren absoluut noodzakelijk om echt te kunnen gaan leven vanuit mijn ware zelf zonder dat oude wonden en oude overtuigingen nog in de weg staan. Dit betekent niet dat ik nooit meer verslavingsgedrag vertoon of me nooit meer afgewezen voel. Mijn verslaving uit zich soms nog door te veel te werken en ik kan ook zeker nog geraakt worden in oude pijn maar dat hoort er naar mijn idee als mens gewoon bij. Het verschil met vroeger is dat ik mij meestal niet meer identificeer met de pijn of reageer vanuit deze pijn, maar de pijn de ruimte geef om er te zijn. Ik heb geleerd vanuit mijn volwassen, autonome zelf naar mijn gedrag te kijken en een gezonde reactie te kiezen.

Voor al deze technieken geldt dat als je wilt herstellen van relatieverslaving, liefdesverslaving en codependentie ze het beste werken in combinatie met een therapeut die gespecialiseerd is in deze thematiek. Door verschillende keren samen met een therapeut verschillende innerlijke processen te doorlopen, kan je de technieken op de juiste manier eigen maken om ze vervolgens zelf in je dagelijks leven te integreren en altijd in te kunnen zetten. Zelf heb ik al deze methodieken en technieken geïntegreerd in mijn leven. Ze zijn nu allemaal onderdeel van een zelfhelende toolbox, een gereedschapskist die ik op dagelijkse basis kan inzetten zowel voor mezelf als voor mijn cliënten.

Als laatste onthoud:

'Nothing changes, when nothing changes'.

Oftewel:'Er verandert niets wanneer er niets verandert.' Ik heb je nu alle info gegeven over hoe ik het heb gedaan en hoe anderen het hebben gedaan, maar als je het alleen bij het lezen van dit boek houdt en er niets aan gaat doen, verandert er simpelweg niet zomaar iets. Bovendien is het in je eentje ontzettend moeilijk om grote innerlijke veranderingen door te maken. Samen gaat het makkelijker, sneller en beter. Samen is een recept voor succes. Of het nu gaat om sport, business, therapie of coaching; samen kom je verder dan alleen.

DANKWOORD

Allereerst wil ik mijn dochter bedanken, zij is de leidraad in mijn leven en ze heeft er voor gezorgd dat ik op het rechte pad heb kunnen blijven. Keuzes die ik jarenlang voor mezelf niet kon maken, kon ik wel voor háár maken. Zij is elke dag opnieuw mijn belangrijkste spiegel en mijn leermeester, vanaf de dag dat ze op deze aardbol is verschenen. Wat een cadeau!

Er zijn heel veel mensen geweest die me de afgelopen twintig jaar hebben geïnspireerd om mijn pad van heling en herstel te bewandelen. Mede dankzij hen ben ik wie ik vandaag de dag ben en daar ben ik ze ontzettend dankbaar voor. Allereerst mijn vriendinnen. Zowel mijn oude vriendinnen met wie ik de stad onveilig maakte in tijden van gebruik, als mijn nieuwe vriendinnen met wie ik vandaag de dag het pad van zelfreflectie en innerlijke groei bewandel. Ze hebben me ondersteund op alle momenten, de goede en de slechte. Ze waren er voor me als ik het moeilijk had en ik voor hen. Samen ontrafelden we het leven toen, maar ook nu en straks.

Ik ben de twaalfstappen groepen heel dankbaar, zeker toen ik stopte met middelengebruik. Met name de NA (Narcotics Anonymous) heeft veel voor me betekend. Het heeft me een nieuwe manier van (clean) leven geleerd en me doen inzien dat ook alcohol een drug is. Dankzij de twaalfstappen groepen heb ik ervaren hoeveel geheelonthouding kan betekenen voor je groeiproces. En via de twaalf stappen heb ik ook het spirituele pad ontdekt. Ze hebben me kennis laten maken met begrippen als 'hoop', 'overgave' en 'vertrouwen' en leerden me dat het veel fijner is om samen te herstellen dan alleen. Ze boden me een community van mensen die veel voor me hebben betekend.

Ook de wereld van Transformationeel Breath® is voor mij een community die me heeft omarmd en waar ik, net als bij de 12 stappen groepen, mensen heb ontmoet die hetzelfde pad bewandelden als ik, op zoek naar de meest vreugdevolle, liefdevolle versie van zichzelf.

Ik ben dankbaar dat ik collega's in mijn leven heb. Wanneer ik het moeilijk heb of voor een dilemma sta dan kan ik altijd zelf een ademsessie of een sessie innerlijk kindwerk doen. Met name Wilma Eenkhoorn, mijn ademteacher, wil ik expliciet bedanken omdat ze me altijd bij het ademwerk heeft gehouden ondanks de grote weerstand waar ik regelmatig op stuitte gedurende mijn proces.

Het innerlijk kindwerk en het persoonlijkheidsdelenwerk wat ik heb geleerd van Sarah Hofman en Marjan Verschuren. Het bleek de ontbrekende schakel in het werk dat ik al deed, dus ik ben zeer dankbaar dat zij op mijn pad zijn gekomen. Net als de Amerikaanse therapeuten met wie ik heb samen gewerkt in particuliere klinieken en alle therapeuten die me voor zijn gegaan op het terrein van relatieverslaving, liefdeverslaving en codependentie. Hun werk is een belangrijke basis geweest voor mijn eigen methode. Ik wil Nina Schouten bedanken voor onze samenwerking en haar redactionele bijdrage om dit boek tot een mooi geheel te maken. Sindy Nord, een van mijn beste vriendinnen, collega's Christel Pol en Natasja Pronk voor het meelezen en al hun constructieve feedback, Monique Schoenmaker voor de mooie en verhelderende illustraties bij de tekst, en niet te vergeten Monique van Zeijl die de fotografie heeft gedaan en alle video's met mij heeft opgenomen voor de online training. Het maken van de 24 weekse online training was een proces van bloed zweet en tranen dat me zonder Monique van Zeijl en Irene Ogier van de webakademie niet gelukt was. Ondernemerscoaches Veronique Prins en Irene Ogier die er voor zorgen dat ik iedereen die meer leed dan liefde ervaren in hun leven kan bereiken. Personal trainer Chris die ervoor zorgt dat ik fysiek en mentaal in balans blijf door regelmatig te sporten.

Ik ben ook dankbaar voor alle mannen en mijn verslavende relaties met hen, zij maakten deel uit van mijn leerproces. Ik ben met name de vader van mijn dochter dankbaar, voor alle lessen die ik van hem geleerd heb en natuurlijk voor de prachtige dochter die we samen gekregen hebben. Onze relatie heeft me veel pijn en verdriet gedaan, maar het heeft me ook gebracht waar ik nu ben. Veel van de ervaringen die ik heb opgedaan in mijn relaties kan ik nu delen met anderen. Ik weet uit ervaring hoe het voelt om te lijden aan verslaving en codependentie, maar ook hoe het voelt om verslavingen en strategieën los te laten! Door mijn relaties en de mannen in mijn leven kan ik nu mijn missie leven om zoveel mogelijk mannen en vrouwen te ondersteunen die vastzitten in verslavende relaties met emotioneel onbeschikbare partners in alle soorten en maten en hoe je daar het beste mee om kan gaan. De vader van mijn dochter heeft me het concept 'vergeven' geleerd, om steeds weer opnieuw te vergeven, zodat de boosheid niet meer in mijn lichaam huist en niet meer in mijn bewustzijn schuilt.

Ik heb van niets spijt. Ik geloof dat alles heeft moeten gaan precies zoals het is gegaan en dat ik daar mijn lessen uit heb geleerd. Zelfs de verdrietige momenten kenden hun mooie kanten, die wil ik ook zeker niet uit het oog verliezen. Er was heel veel humor en heel veel gezelligheid, ook in de beginjaren van de feestjes en gebruik. Ik wil mezelf bedanken, omdat ik mijn dieptepunten altijd heb gebruikt als brandstof om te groeien. Dat ik ondanks pijn en verdriet altijd bereid ben geweest de lessen die erin verstopt zaten te willen zien en te gebruiken voor mijn zelfontwikkeling.

Ik wil mijn vader en moeder bedanken dat ze mij op de aarde hebben gebracht. Dat ze mij naar hun beste kunnen hun liefde en aandacht hebben gegeven, maar ook voor de lessen die ik van hen heb mogen leren.

Ten slotte wil ik al mijn klanten en lezers bedanken voor het vertrouwen dat ze in mij stellen.

HOE NU VERDER?

Herken je jezelf in de dynamiek van relatieverslaving, liefdesverslaving of codependentie en wil je deze patronen doorbreken? Dan hoef je dat niet alleen te doen. Er is voor iedereen hulp te vinden afhankelijk van je behoefte en je situatie.

De oefeningen uit dit boek kun je meteen toepassen en leveren zeker meer inzicht op. Helaas is het voor de meeste van ons toch lastig om er zelfstandig doorheen te werken. Je zit nu eenmaal vast in een patroon dat je lastig los laat omdat je het vaak zelf niet kan zien. Geloof je wel in de methodieken die ik heb aangedragen, maar wil je echt lange termijnresultaten boeken, dan zijn er meerdere trajecten mogelijk.

Alle trajecten die ik aanbied zijn verdiepingen op het boek. Je zal samen met mij alle stappen doorlopen zodat je een liefdevolle relatie met jezelf zal ontwikkelen en van daaruit ook met anderen. Een boek lezen is één ding maar de processen daadwerkelijk ervaren en doorleven is iets heel anders. Met behulp van de trajecten werk je stap voor stap aan een gelukkig leven, vrij van obsessie en afhankelijkheid en in verbinding met jezelf en de ander.

TRAJECTEN

Dit zijn de trajecten die ik op dit moment aanbied, maar ze blijven in ontwikkeling dus ik kan je niet garanderen dat een bepaald programma over een tijdje nog steeds beschikbaar is.

- 24 weekse Onlinetraining "Van leed naar liefde"
- Combinatietraject 12 maanden
- Transformatie week Tenerife
- Transformatie week Ibiza
- Seminar Transformational Breath®

INTRODUCTIE WORKSHOPS

Naast de trajecten zijn er ook introductie workshops te volgen:

- Gratis webinar van leed naar liefde
- Workshop 15 fasen van herstel van relatieverslaving en codependentie
- Introductie workshop transformational breath®

Op de website kun je alle informatie vinden:

www.counsellingcenterchanges.nl

Kun je iets niet vinden of heb je een vraag, dan kun je me uiteraard ook mailen: **info@counsellingcenterchanges.nl**

GRATIS SPARRINGSESSIE

Wil je graag een volgende stap zetten maar weet je niet zo goed welke stap voor jou de juiste is? Boek dan een gratis sparringsessie van 20 minuten in.

Vul voorafgaand aan dit gesprek het formulier in zodat we meteen naar de kern kunnen. Ik zal je vertellen hoe ik jou het beste kan ondersteunen naar gezonde relaties vol liefde en vreugde.

https://www.counsellingcenterchanges.nl/gratis-resultaat-sessie-20-minuten

GRATIS EMOTIEDAGBOEK

Omdat je dit boek helemaal tot het einde hebt uitgelezen heb ik nog een cadeautje voor je. Namelijk een gratis emotie dagboek waarop je al je gedachten, gevoelens en emoties kunt bijhouden om je te ondersteunen bij je innerlijk werk of mee te nemen naar je coach of je therapeut.

Je kunt het via deze link downloaden:
https://www.counsellingcenterchanges.nl/emotiedagboek

LEZINGEN/SPREEKSTER/GASTDOCENT

Je kunt me boeken voor authentieke, inspirerende en interactieve lezingen voor opleidingen of seminars. Ook geef ik graag gastlessen in klinieken of andere hulpverlenende organisaties.

info@counsellingcenterchanges.nl

OVER DE AUTEUR

Claudia Krumme is counselor voor vrouwen en mannen die op alle vlakken van hun leven succesvol zijn, behalve in de liefde. Ze is opgeleid als verslavingscounselor, innerlijk kind/delenwerker, EMDR practitioner en Transformational breath® senior trainer Nederland.

Daarnaast is zij ervaringsdeskundige als het gaat om het doorbreken van een eetstoornis, het stoppen met verschillende verslavende middelen, maar ook bij het doorbreken van verlatingsangst, bindingsangst en andere gerelateerde dynamieken aangaande relatieverslaving, liefdesverslaving en codependentie.

Verder zet ze NLP, hypnosetechnieken, Byron Katie de helende reis, en meditatietechnieken in om je te ondersteunen naar de beste versie van jezelf, je ware zelf te worden. Vrijheid, liefde en vreugde staat aan de basis van alles wat ze doet. Aan het begin van het traject stelt ze samen met jou haalbare en meetbare doelen op zodat je aan het einde van het traject samen kan evalueren wat er is veranderd en wat er eventueel nog aangepakt kan worden. De lengte en diepte van het traject wordt in overleg bepaald, afhankelijk van jouw situatie en behoeften.

WIL JE MEER VAN CLAUDIA:

Ga naar https://www.counsellingcenterchanges.nl/zelfhelp-videos

Volg haar op https://www.facebook.com/changes.counsellingcenter

Liever in de beslotengroep:
https://www.facebook.com/groups/1981779215278819

Volg haar op Instagram https://www.instagram.com/claudia_krumme

Volg haar op Linkedin:
https://www.linkedin.com/in/claudia-krumme-6a171122

Bekijk haar video's op Youtube https://bit.ly/2D44SxI

Volg het gratis webinar https://bit.ly/2ncDycg

Gratis zelfhelp video's:
https://www.counsellingcenterchanges.nl/zelfhelp-videos

Gratis download emotiedagboek:
https://www.counsellingcenterchanges.nl/emotiedagboek

WAT ZEGGEN ANDEREN OVER CLAUDIA:

LIEFDEVOL, DAADKRACHTIG, BETROKKEN, WARM, HARDWERKEND, PASSIONEEL, OUT OF THE BOX, BETROUWBAAR, DIEPGAAND, BEETJESTOUT, HARDEWERKER, LEUKEMOEDER

LITERATUURLIJST

Barry K. . (2008). *Breaking Free of the Co-Dependency trap.* Novato, Californië, Amerika: New World Library.

Beattie, M. (1992). *Codependent no more.* Minnesota: Hazelden.

Bosch. I. *Illusies.* (2015). Amsterdam, Nederland: Atlas Contact.

Bosch. I. (2015). *De herontdekking van het ware zelf.* Amsterdam, Nederland: Atlas Contact.

Bosch, I. (2015). *De onschuldige gevangene.* Amsterdam, Nederland: Atlas Contact.

Bradshaw, J. (2007). *Wanneer koesteren hoop betekent.* Amsterdam, Nederland: Unieboek | Het Spectrum.

Brandon B. (2015). *De helende reis.* Amsterdam, Nederland: Boekerij.

Brown, M. (2010). *The presence proces.* Haarlem: Altamira.

Carnes, P. (2001). *Out of the shadows* (3e editie). New york: Hazelden.

Chopra, D., & Franken, V. (2009). *Overwin je verslaving: een spirituele oplossing.* Utrecht/Antwerpen: Servire.

Cuppen, H. (2014). *Liefdesbang.* Utrecht, Nederland: Ankh-Hermes.

Dalai Lama. (2018). *De kunst van geluk.* Apeldoorn, Nederland: Xander uitgevers B.V.

Geurtz, J. (2009). *Verslaafd aan liefde.* Amsterdam, Nederland: Ambo|Anthos.

G.Fairburn, Dr. C. (1995). *Overcoming binge Eating.* New York: The guilford press.

Glaudemans, W. (2013). *Boek van vergeving.* Utrecht, Nederland: Ankh-Hermes.

Gray, J. (2014). *Mannen van mars vrouwen van Venus.* Amsterdam, Nederland: Unieboek | Het Spectrum.

Grof, C. (1993). *Dorst naar heelheid.* Deventer: Ank-hermes.

Hicks, E. &J. (2009). *The vortex* (1e druk). Enschede: Palaysia Productions.

Hicks, E. (2006). *Vraag en het wordt gegeven* (tweede). California: petiet.nl.

Johnson, Dr. S. (2008). *Houd me vast* (35e editie). Utrecht/Antwerpen: Kosmos.

Katy, B. (2017). *Vier vragen die je leven veranderen.* Amsterdam, Nederland: Boekerij.

Ketelaar, C. (2017). *Vind je eindman.* Deventer, Nederland: Laatste Liefde.

Kravitz, J. (2010). *Adem diep, lach voluit. De vreugde van transformationeel breathing*. Breath Free Press.

Larsen, E. (1987). *Stage 2 relationships.* San francisco: Harper.

Melody, B. (2009). *Beyond codependency.* Minnesota: Amerika: Hazelden Publishing.

Melody, B. (2009). *The language of letting go.* Minnesota: Amerika: Hazelden Publishing.

Mellody, P. (1989). *Facing codependence.* New York, Amerika: HarperCollins Publishers Inc.

Mellody, P. (2015). *Grenzeloos liefhebben.* Den Haag: Tattwa.

Miller, A. (2009). *Drama van het begaafde kind.* Amsterdam, Nederland: Unieboek | Het Spectrum.

Roodvoets, C. (2009). *Niemandskinderen* (6e editie). Haarlem: Gottmer.

Norwoord, R. (2014). *Als hij maar gelukkig is. Vrouwen die teveel in de liefde investeren.* Amsterdam, Nederland: Ambo|Anthos.

Norwood, R. (1985). *Women who love too much.* New york: simonandschuster.com.

Stone, H. (2014). *De innerlijke criticus ontmaskerd.* Utrecht, Nederland: Ankh-Hermes.

Storm, J. (2014). *Destructieve relaties op de schop.* Utrecht, Nederland: Ankh-Hermes.

Tolle, E. (2013). *De kracht van het nu.* Utrecht, Nederland: Ankh-Hermes.

Van Ouden, F. Schors. (2003). *Regressie en het innerlijke kind.* Amsterdam, Nederland: V.O.F., Uitgeverij

Zukav, G. (1989). *De zetel van de ziel.* Utrecht/Antwerpen: Kosmos.